FOR2

FOR pleasure　FOR life

FOR2 63

我們是永遠的好朋友？關於女性友誼的真相

BFF? The truth about female friendship

作者：克萊兒·柯恩（Claire Cohen）
譯者：鄭婉伶
責任編輯：蔡宜庭
封面設計：柯俊仰
內頁排版：方皓承

出版：英屬蓋曼群島商網路與書股份有限公司臺灣分公司
發行：大塊文化出版股份有限公司
105022 台北市松山區南京東路四段 25 號 11 樓
www.locuspublishing.com
locus@locuspublishing.com
讀者服務專線：0800-006-689
電話：02-87123898
傳真：02-87123897
郵政劃撥帳號：18955675
戶名：大塊文化出版股份有限公司
法律顧問：董安丹律師、顧慕堯律師

總經銷：大和書報圖書股份有限公司
地址：新北市新莊區五工五路 2 號
TEL：02-89902588 FAX：02-22901658

初版一刷：2023 年 6 月
定價：420 元
ISBN：978-626-7063-37-8

克萊兒・柯恩 Claire Cohen ——著
鄭婉伶 ——譯

我們是永遠的好朋友？關於女性友誼的真相

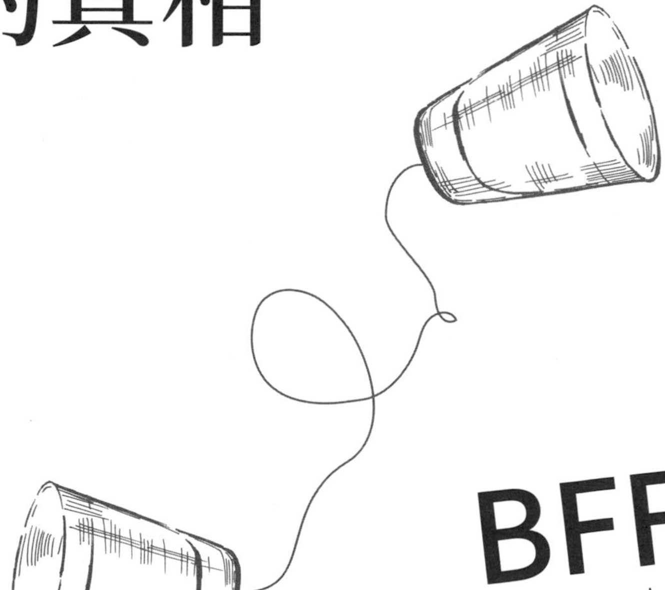

BFF?

The truth about female friendship

獻給我的朋友

目錄

序

每當我搭火車通勤上班，身旁總會坐著同一群女性，三、四十歲上下、穿著時髦、看起來很有自信，但這不是她們吸引我的原因，她們的笑聲和自在的相處讓我感到好奇，我忍不住拿下一邊耳機，仔細偷聽她們的對話。我偷聽到她們談論工作，有時還會直言不諱地給對方意見。有人手機壞掉，其他人便會拿出備用機借她，「拿去吧，我用不到！」感激之情溢於言表，有時她們也會毫無重點地聊上半小時。

這些女性戲稱自己為「通勤媽媽團」（我就說我在偷聽），她們的孩子上同一所學校，但她們的感情早已超越孩子們共同的課表。每天早上受到她們友誼滋潤的我，似乎也得到了某種正能量。老實說，我對她們的友誼十分好奇，為什麼呢？因為女性友誼這個問題已經困擾我多年，我很難結交女性朋友，我非常瞭解其困難之處，不論是在求學階段或者已經出社會多年，我一直都很難打入某個朋友圈，或者輕易找到完美的長久閨密，或許很多人都有相同的感受，但卻總是避談這個話題。然而，每當我們覺得交朋友很難，便會想起自己那幾段不太順遂的友誼或者年輕的自己，聳聳肩心想：「天啊，真的很困難。」我們可能會花上許多年自我懷疑或暗自舔舐傷口，難道只能這樣嗎？難道我們就注定無法像經營愛情一樣用心經營友誼嗎？還是我們能展開不一樣的討論呢？

我一直要到三十幾歲才能真正在友誼裡獲得安全感，尤其是女性友誼。我深信如果年輕時的我也能讀到這樣一本書，我會更快找到這份安全感，我會更快樂、更願意相信別人，也能更從容面對友情路上的阻礙，我們是真的需要幫助。根據英國前進（Onward）智庫二〇二一年七月發布的數據[1]顯示，三十五歲以下的年輕人裡有五分之一認為，他們只有一名或甚至沒有任何親近的朋友，這項數據是十年前的三倍之多。前進智庫表示，我們正身陷大規模孤獨症疫情之中。

根據英國國家統計局（Office for National Statistics）數據顯示，四百二十萬名英國成年人認為自己「總是或常常感到孤獨」，疫情之前的數據為二百六十萬。如果加入「有時感到孤獨」的受訪者，那麼每四名英國成年人，就有一名感到孤獨，女性的孤獨程度甚至比男性高。終結孤單倡議活動（Campaign to End Loneliness）進一步統計，將近半數（百分之四十五）的英國成年人「偶爾、有時或時常感到孤獨」。雖然社交隔離對無業者、窮人和移民影響甚鉅，但其他人也難逃孤獨，孤獨能夠影響所有人，不分老少。英國少兒慈善基金會（Children's Society）二〇二〇年的一份報告[2]顯示，當年十至十五歲的青少年是幾十年來最不快樂的一代，因為他們缺乏穩固的友情。《六人行》（Friends）是Z世代族群最愛觀賞的電視影集之一，此影集於一九九四年開播時，Z世代族群可能都還沒出生，但這個史上最孤獨的世代卻無法與劇中的友情產生共鳴，他們渴望看見自己能夠同理的友情，因為現實生活中交朋友和維繫友誼都不容易。

我們會發現女性友誼其實很緊密，但交朋友的過程卻可能困難重重，當然，嘗試和失敗都是成長的一部份，但我相信交朋友不需要這麼辛苦，這也是為什麼我認為是時候打開天窗說亮話，想想該怎麼做比較好，想想我們真正的朋友是誰，只要我們做對了，女性友誼能夠成為最能滋潤我們生命的養分，我們現在能做的是，改變自己看待和定義女性友誼的方式，並大聲稱頌它。

我相信現今是女性友誼的黃金時代，一切只會變得更好。在未來，女性在我們生命中的重要性可能遠超過其他人，過去幾世紀以來對女性的刻板印象即將被扭轉，我們將會重新型塑我們生命中最重要的關係，也就是說，對我們許多人來說，女性友誼十分重要且不容小覷。

現今的狀況是：我們結婚生子的年紀越來越晚，那些過去對女性的期望逐漸被打上問號，例如：女性的首要之務是把自己變成男人眼中的完美對象。這真的是我們想要的嗎？我們的人生還有什麼可能性？有些朋友因為知道自己能有強大的後援，所以放心地生下孩子，另一群朋友則是開心地說自己不想成家，或許幾年前的她們還不覺得自己能這麼做，好像不生個孩子就稱不上是女人。

「友誼的情感連結十分強大，對於現代女性而言，友誼只會越來越重要。」牛津大學演化人類學家安娜·麥菁（Anna Machin）教授這樣告訴我，「其實我們都該重新評估友誼，因為對越來越多的女性而言，友誼將成為支持自己生存下去的重要關係。這種情感連結會帶給你安定，讓你得到依附的安全感，影響你的人生決定和健康。如果你不想生小孩，那麼能陪你渡過難關的人只剩朋友了。與過去相比，友誼對現代女性越來越重要，我們必須有這樣的認知。」

聽起來是不是很棒？我們終於不用靠著找到另一半來成就幸福美滿的生活，當然，如果真的找到另一半也是錦上添花，就像為女性友誼這塊大蛋糕點綴上裝飾的櫻桃，但愛情已經不是最重要的事了。我很樂見女性友誼和愛情在生活中變得同等重要，我相信如果我們像談論愛情一樣多多談論友誼，女性友誼的力量會變得更加強大。

這也是為什麼我想討論女性友誼的真實面向。我從小生長在女人堆，讀過兩間女校，現在是全國報紙的女性新聞版的編輯，如果像我這樣的成長背景，都很難相信別人、敞開心胸，認為自己不適合結交女性朋友，那麼你們可能也還沒想通這些問題。

我花了一些時間才發現，許多看起來像是「對的朋友」，很可能完全不是這麼一回事，人類很難預測且總是充滿驚喜，有時最好的朋友反倒是你最初不看好的人。

然而，我們從小聽到或看到的都不是這麼一回事，從上學以來，我們一直被灌輸要有「永遠的好朋友」[3]的概念，也就是你應該有一名女性靈魂伴侶，你可以告訴她所有秘密，她也永遠在你身旁支持你。但對我們大多數人來說，這根本遙不可及，我們浪費許多時間追求一個不切實際的幻想，而不是尋找最適合我們的友誼，或者珍惜我們所擁有的情誼。

你知道嗎？我受夠假裝世上真的存在完美的女性友誼。

不是每個女生都需要小圈圈，也不是每個人都像《慾望城市》（Sex and the City）的主角一樣膩在一起吃早午餐；像《BJ單身日記》（Bridget Jones's Diary）的主角一樣整天和朋友抽煙；像《等待夢醒時分》（Waiting to Exhale）一樣，一群人坐在車子裡對著收音機高歌；像《閨蜜假期》（Girls Trip）裡的「閃亮幫」在飯店大開睡衣派對；像《女孩我最大》（Girls）一樣，一群女生在簡陋的公寓裡，分析彼此的感情生活。當然，也不是說這些女性友誼範本有問題，或許在你眼裡可能還有幾分真實，然而，根據我的經驗，這些過於理想的閨密互動與閨密極力想幫助我們擺脫的理想愛情枷鎖一樣不切實際。即便你可能對上述互動產生共鳴，你也一定面臨過獨自在家不知道能打給誰的窘境。女性不是閨密就是敵人，女性總是捉摸不定、過於情緒化、想要成為「女王蜂」，這類的刻板印象我還能列舉更多，不過你應該已經聽到厭煩了。

女性友誼故事可能即將比浪漫愛情故事更為人稱頌，與此同時，也帶來一些老生常談和迷思，許多對於女性友誼的概念彷彿聖母－妓女情結的翻版，聖母－妓女情結是精神分析學家佛洛伊德於二十世紀初提出的理論，認為女性不是純潔就是下賤，不是聖女就是蕩婦，不是好女孩就是壞女孩，不是閨密就是互相對立。

這些迷思都源於女性在歷史上受到的限制，為了讓我們好好待在自己的位子上，我們被放進不同的盒子裡貼上標籤，好讓男人辨別我們是「哪一種」女人。這也是為什麼一直到兩百多年前，女性友誼才被社會認可。打從女性出現來這個世界，我們就已經開始結交朋友，但我們的情誼要到十八世紀才會被受到重視。

「一直以來，好像就只有男人能夠交朋友一樣。」雪梨大學的歷史學家芭芭拉．凱恩（Barbara Caine）教授解釋道，她也是《友誼：一段歷史》（Friendship: A History）一書的編輯。「想要擁有友誼必須先獨立，而女性正好缺乏這方面的能力。某部分是因為『女人被認為』智慧和情操都不足，缺乏友誼所需的理性和獨立自主。」

這一切到了浪漫時期才有所改變，浪漫時期流行抒發情感，特別是透過寫信，一件女性被認為比男性做得更好的事。到了十九世紀，女性開始和家裡以外的人建立友誼，和新朋友從事一些活動，也開始有了自我感知意識（真是不可思議！）她們陸續投入改革運動，加入政治團體，爭取女性投票權。雖然在法律上還是和男性綁在一起，但女性開始不斷向外拓展獨立的人際關係。

凱恩教授將珍．奧斯汀（Jane Austen）的小說視為女性友誼正常化的重要轉捩點，珍．奧斯汀將正常的女性友誼化作當代暢銷小說中的核心概念。凱恩教授以《傲慢與偏見》（Pride and Prejudice）為例，主角伊麗莎白的閨密夏綠蒂嫁給柯林先生，但伊麗莎白厭惡柯林先生，儘管如此，她們的友情並沒有受到影響。凱恩教授表示，「你可以看到在某些常見的限制裡，女性友誼依舊屹立不搖且具有其重要性。」

我在為本書做研究時，見證了許多不凡的女性友誼，這讓我不禁覺得，怎麼會有人質疑「女性交朋友的能力」。其中幾個來自集中營倖存者的故事讓我印象特別深刻，她們使用集中營姐妹（lagerschwestern）一詞來描述她們的友誼，這群毫無關係的女性，在如此艱困的狀況下盡力互相協助。

她們會互相分享食譜、頭蝨梳，以及彌足珍貴、小心藏好的口紅，以免在「揀選」過程前被守衛發現，這是個攸關生死的過程，你看起來越健康，就越有機會被選去作苦力，而不是被送去毒氣室。更令人驚訝的是，當時還有因月經而產生的姐妹情，一些較為年長的女性主動和迷惘的年輕女性交朋友，這些年輕女性的初經可能才剛來沒多久，母親又不在她們身邊。我甚至聽到一個驚人的故事，一名女性將自己沾了血的內褲借給年輕女性，讓她們不會遭到噁心的德國警衛性侵（當時許多女性因為營養不良和壓力早就停經了），這個方法還真的奏效了。

我們已經知道過去和現在都存在許多相似且令人讚嘆的女性友誼故事，卻還落入某種刻板印象中，這不是很令人憤怒嗎？我們甚至覺得自己一生只能有一位「閨密」，一旦長大就再也找不到閨密，以及友情只要出現裂縫就難以彌補了。

如果放任這些女性友誼的迷思繼續存在，不管對男性或女性都是有害的，這些迷思只會拖累我們，讓我們嫌棄彼此、輕易放棄。這些迷思跟了我一輩子，總是讓我覺得自己不夠格，帶給我不安全感，甚至覺得自己不知道處在什麼樣的情況，我相信你們可能也有相同的感受。

因為面對友誼，某種程度上大家都是專家，我們都有關於友誼的故事可以說：我們經歷過的心碎、戲劇化的過程、愛情故事，友誼的高潮和低潮。不論我們是只擁有一名親密友人，或者在生命中陸續交到好友，又或者只是幾個不太熟的點頭之交，我們每天都在這些灰色地帶中試圖尋找方向，我們應該換個方式討論女性友誼：凸顯將一切複雜化的因素遠比創造一個琅琅上口的標籤來重要。沒錯，我們應該慶祝那些美好時刻，同時也坦承那些不那麼美好的時刻，正因為這些美好的片刻——貼心的卡片、表達支持之意的握手、體貼的舉動、突如其來的道歉——這些都是滋養女性友誼的養分，值得被大聲稱頌。如今的我們很不會表達情感，我也不例外，我是透過工作、自我探索以及痛苦的個人經驗，才開始瞭解女性友誼真正的力量，以及如何如實地呈現女性友誼。

我花了超過三十年的時間才真正知道誰是我真正的朋友，更重要的是，我該怎麼當個好朋友。這段期間裡，我對女性的信心消磨殆盡，還得緩慢地重建起來，與此同時，我每天還得花時間撰寫報導，內容都是女性楷模仰賴神秘的「支持人脈」成就鼓舞人心的事跡。儘管表面上我看似是女性人脈網路的一員，但我內心感覺自己完全是個冒牌者，不確定自己是否知道如何信任女人，更別說愛她們。

女性友誼的核心其實就是愛情故事，對很多女人而言，這是她們一生中值得稱頌的愛情。仔細想想，親密的友情和愛情究竟差在哪裡？相同的特性有：忠實、無私、體貼、慷慨、陪伴，笑淚交織、同樣的價值觀。換句話說，你想透過愛情得到的東西，那些比同床共枕更重要的東西，女性友誼都能給你。萬一和朋友分手了呢？那種痛不亞於任何心痛，甚至會留下更深的傷痕。

這也是為什麼我在這本書裡重現我的人生故事，以及其他女性的故事，希望藉此發掘更多女性友誼的面向，也能因此更瞭解自己。我訪問了許多女性（以及少數幾位男性），受訪者年紀從九歲到九十二歲都有。與此同時，我也借重心理學家、人類學家、語言學家、歷史學家以及友誼教練的專業，試圖歸納女性友誼的趨勢。最重要的是，我很榮幸，也很感謝所有參與者，他們與我分享了自己最親密以及最痛苦的友情時刻。

許多女性受訪者發現自己很難大方談論女性友誼，不論是透過電子郵件回答我的問題或是進行正式訪談，因為她們被迫仔細檢視某些友誼的面向，這對她們來說通常都是頭一遭，然而，一旦她們開始討論，大多數人都會覺得是一種解脫。就連我訪問的專家也不例外，我們一聊完心理學或科學相關的話題後，她們都會迫不及待地告訴我自己的友誼故事。友誼可以算是我們生活的重心，不管我們是否擁有、想要、甚至想從中獲得更多，每個人的故事都會變得越來越豐富。談論友誼是一種解脫，即便你現階段不覺得自己擁有足夠的朋友，你還是會想和某個特別的人更進一步。或者你其實已經覺得滿足，但腦中卻總有質疑的聲音，說著某個以前的老同學……。其他許多女性可能也正經歷或曾經歷過同樣的事情，也因此更瞭解自己和她們的友誼。

我希望她們的故事和我的文字能帶來希望，儘管身邊沒有完美的姐妹團，或者甚至沒有任何一位閨密；儘管有時一切看似不可能，但我認為友誼可以是有快樂、愉悅且相互影響的。如此一來，一路上的困難都值得了。你或許不認得人生中每個故事，其中的人物一定也不一樣，但我很確定許多場景以及因他們而產生的情緒，你一定都很熟悉。我希望能幫助你重新看待女性友誼，從一個更好的角度，讓你從你認識的女性中得到全新的安全感和驕傲，或許過程中有時會面臨許多挑戰，需要你和你的朋友坦承相對，我也曾經歷過相同的過程。

在我往下說以前，也許我該解釋一下，我為什麼不寫異性之間的友誼，這是你在人生某個階段一定會談論到的話題：異性之間不同的互動模式。也許你覺得交異性朋友比較容易，我以前就是這樣。過去很長一段時間，我都將自己視為男性的「哥兒們」，直到三年前我在我的婚禮上環顧四周，我才發現這不是真的，我絕對相信男女之間能建立美好的友誼，我的男性朋友一定會很氣我沒將他們寫進書裡。我知道對很多女性來說，同性戀友人是她們朋友圈中很重要的一部份，但女性友誼能滿足我們某些情緒上的需求，這是無法從異性友誼中獲得的，同樣身為女性，很多東西不言自明，很多事情不用解釋，也因此能更快速建立感情。我們極少談論女性友誼，但女性友誼在我們生活中有著很大的缺口，我想要彌補這個缺口。

我先聲明：我的女性友誼並不是都很順利，即使到了現在也是如此，而且差得遠了，這些友誼關係會不斷改變，由兩人之間的親密互動來定義，需要努力持續維持，至少試著別當個混蛋，我無法告訴你我已經看透一切。

此外，大眾文化裡女性友誼的描繪對現實生活中的女性友誼一點都沒幫助，那些超級好友或刻薄女孩的說法（女孩們吵架又和好，從死對頭變朋友，最後甚至還組成了閨密團）也一樣沒用。新型態的女性友誼已然成形：一種真實、坦率的型態，但對我而言，我還是無法感同身受。近年來，《都柏林動物》（Animals）、《淑女鳥》（Ladybird）、《閨蜜假期》、《A+瞎妹》（Booksmart）這類電影被視為女性友誼電影的重要分水嶺，我也和你們一樣這麼想，我很開心女性友誼能更真實地被呈現，那些女性友誼裡的愛恨情仇，但我還是忍不住擔心這些電影過度強調閨密的重要性。在《都柏林動物》裡，兩名主角在彼此面前尿尿並一起看向馬桶（「你該多喝點水了」），這樣的場景只是另外一種很難達成的女性友誼理想型：直接、有趣的吐槽？

我知道日常生活中的女性友誼很難拍成精彩的電影，兩名身心俱疲的女性透過一則比一則短的簡訊相約吃早午餐，我不認為這樣的電影會刷新票房記錄，但你不會已經受夠了那些一再重複的女性友誼樣貌嗎？

這種狀況持續太久了，維拉．布里頓（Vera Brittain）於一九四〇年出版的《友誼的試煉》（Testament of Friendship）中寫道：「從荷馬時代開始，男性友誼便受到許多稱讚，但女性友誼……不僅被忽略，更是被嘲笑、被看輕，甚至是被錯誤詮釋。」我還想加一項：被視為理所當然。

在我們真實生活的關係排行榜上，家庭、伴侶、小孩常常是擺在最前面，當生活變得過度忙碌，友誼往往是最先被犧牲的。忽略友誼很容易，你不會好幾個月都沒有投注時間和心力在心儀的對象上，但你可能會這樣對待你的純友誼。

壓力來臨時，朋友總是最容易被忽視的。我在撰寫這本書的過程中，我的朋友艾莉莎想要找我喝咖啡，順便例行性地關心我一下，但我很自然地直接回絕，太忙了，抱歉。我當時到底在想什麼？我在寫一本關於女性友誼的書，卻連二十分鐘都無法給她？這些例行聚會對維繫感情的重要性，不亞於閨密之旅或一起上廁所，但為什麼這些聚會總是最先被犧牲呢？

友誼可以算是學術研究裡最冷門的研究主題，相關的研究也大多聚焦在統計數據，例如：我們在學校、大學裡交了多少好友，隨著時間的推移，又有多少好友會留在我們的生活裡。那麼友誼裡的情緒支持呢？友誼支持的重要性呢？我們有多重視朋友？友誼裡的愛呢？你還比較有可能看到更多關於男女關係的研究問道：「女性最吸引男性特質是什麼？」（答案當然是高跟鞋[4]和化妝[5]。）

然而，根據過去的研究，友情也是讓我們保持健康的關鍵之一，我們很快就會發現，女性朋友能幫助我們活得更長久。我們應該為此感到開心，因為說到底，女性友誼的親密關係和情感連結可以產生幸福感，很大程度的幸福感，女性不一定會刻薄地對待彼此。

女性友誼可以決定你的世界長什麼樣子，形塑你的樣貌，這些不凡的友誼能啟發你，讓你知道更多的可能性。友誼很像愛情，我們知道如何改善感情生活，女性友誼裡也有許多我們可以改善的東西，讓我們的女性友誼更加穩固。

回頭看我過往的友誼經驗，怎麼沒人告訴我友誼之路可能會很崎嶇，友誼可能會出差錯，我可能因為太執著於超級好友的迷思，而忽視了其他的女性朋友。你可能也曾有過某些遺憾，或者希望自己能早點知道某些事，這就是該好好檢視女性友誼複雜性和現實面的原因：如果你覺得和某個朋友已經不適合了會怎麼樣？該如何在成年以後結交新朋友並維繫感情？什麼時候該放手讓損友離開？為什麼當你被丟下時會感到如此受傷？那些意料之外的友誼帶來的力量以及友誼裡的快樂回憶。

我希望把這些議題都攤開來誠實地討論，呈現其正向的樣貌，因為女性友誼本來就是正面的故事，但是朋友們，這過程可能不太容易。

永遠的好朋友？

迷思：每個女孩或女人都需要一個完美的閨蜜

「我不認為我們該繼續當朋友。」一個像是安娜的聲音從電話裡傳出。

「為什麼？」我問道。

「我、不想、當你朋友了。」她重複說道，如同其他青少年一樣故意把每個字都說得很清楚，但這種說話方式通常是對父母，而不是她們的閨密、她們的靈魂伴侶、她們最好的朋友。

我的眼淚奪眶而出。

我當時十六歲，剛從加州過完暑假回家，一心只想把加州發生的所有事都告訴我最好的朋友，只是我還沒來得及提到環球影城裡面的侏羅紀公園主題雲霄飛車，她就已經讓我心碎了。

當時，安娜和我已經當了三年的閨密。十二歲時，我轉學到新學校，一切都很尷尬，我比所有人晚一年進入這所學校，大家早就已經交到朋友了。當時辣妹合唱團（Spice Girls）才剛發行首張單曲《我就要》（Wannabe）兩個月，我馬上就被取了個綽號「上流妹」，因為我的棕髮鮑伯頭加瀏海，還有我一聽就知道來自溫布頓的口音。

我很快就和安娜變成朋友，她擁有一頭長捲髮，乾淨漂亮的指甲上帶著完美的月牙，耳朵上帶著真的鑽石耳環，她常常對老師沒禮貌，但成績還是非常好，她完全就是我想成為的樣子。我們花了一點時間熟悉彼此，最後因為對美國樂團韓氏兄弟（Hanson）的共同熱愛而成了朋友（就說我喜歡長髮了吧）。我們花很多時間對著他們做白日夢，熟記他們每首歌的歌詞，用原子筆將歌詞寫滿學校資料夾和我們的手臂。安娜家裡當時就有網路，她是我們班第一個家裡有網路的人，那個嗶嗶低鳴、充滿未來感、通往大千世界的大門。我們在各個網路聊天室內仔細搜索所有關於韓氏兄弟的資訊，當我們終於有機會買票去溫布利球場看他們時，我們花了好幾天用心寫了一封情書，如同所有永世流傳的情書，我們也用鋼筆在橫線A4紙上寫下我們的愛意，不過是由安娜主筆，她的筆跡看起來比較像大人，我們還在信紙四周畫滿了粉紅愛心。

我們沒有留下副本，但我記得信件內容差不多是這樣：

親愛的艾薩克、泰勒和柴克：

我們是兩位住在倫敦的十三歲女孩。（翻譯：我們和你們年紀差不多，所以如果你們想要親親抱抱，甚至上二壘都是沒問題的，雖然你們對於「上壘」的定義可能和我們不太一樣），也是你們最最忠實的粉絲。

你們的歌曲都是自己的創作，這件事我們覺得超級酷，你們所有專輯我們都有買，連聖誕專輯都有，（我們每年十二月都會逼迫家人聽這張專輯，直到他們耳朵長繭為止。）

我們買了一隻雷根糖充氣娃娃送你們，聽說這是你們最喜歡的食物，你們最喜歡什麼口味呢？我們喜歡奶油爆米花和西瓜口味。（我們其實很討厭雷根糖，但當時哈瑞寶酸味軟糖還沒問世。）

你們會邀請粉絲到後台嗎？我們非常想見你們！（拜託奪走我們的第一次。）

獻上所有的愛

安娜和克萊兒（按照美貌程度排列）

哪個得獎巨星天團拒絕得了這樣一封情書啊？

當天晚上，我們將情書綁在我花光零用錢買的充氣雷根糖上，用盡力氣將充氣雷根糖往舞台上丟，但它還沒飄上舞台，就已經落在保鏢和樂團之間的黑洞裡了。但我們完全不在乎，整場演唱會都手牽著手，開心地跟著音樂跳上跳下，與此同時，安娜的爸爸也在場館外等著載我們回家。我從來沒這麼開心過，我以為安娜也是，直到她和我分手那天，那一刻帶來的衝擊讓當時還是青少年的我心碎滿地。

如果你有過相同的經歷，你就能感同身受：你圍繞著學校打轉的小世界崩塌了，你害怕隔天去學校身邊沒有閨密幫你撐腰。你擔心別人看著你心想：「她一定是個壞朋友，她一定是做錯了什麼才會被甩掉，一定都是她的錯。」

這麼多年來，我都不曾這麼想過，我們不太會用以下的文字形容友誼的結束：分開、分手、分居，但我們應該可以這麼形容，因為我生命中最痛苦的心碎都是因為我最好的女性朋友。我的心碎經歷發生在求學階段，對那段時期的我們來說，朋友就像馬斯洛需求層次理論裡的空氣、食物和水，但友誼裂縫也會發生在成年以後，造成的傷害不亞於任何一段愛情關係的結束，甚至可能更加劇烈。

我將一切都怪到「永遠的好朋友」的迷思上，這個我們從小就被灌輸的錯誤觀念，從我們上學以來，父母就會不停地問：「你最好的朋友是誰？」書籍和電視節目上裡也常常看到：你身邊就該有個特別的人，你們形影不離、永不分開，甚至兒歌裡也這麼唱道：「交朋友、交朋友，永不絕交的朋友。」

這是「姐妹誓約」第一次出現的時刻，每段女性友誼都必須遵守的規章：「你挺我，我挺你」，這個規章不會隨著出社會而停止，我常常聽見成年女性被指責「違背姐妹誓約」，因為她的約會對象是某個點頭之交的前任，或者面對爭論時沒有和朋友站在同一邊。這些迷思都會阻撓我們尋找真實、有意義的友情，那種不會因為性別就被要求忠誠的友情。

姐妹誓約看似支持、滋養著女性友誼，但仔細思考以後，便會發現這其中其實包含許多佔有欲的成分，有多少人因為這個對友誼無腦付出的概念，而忽略了友情中許多危險訊號？我們從小就被永遠的好朋友的迷思誤導，不要去問我們為什麼和某些人成為好友，以及我們該怎麼維繫和改善友誼，這個迷思只告訴我們會成為朋友，因為這就是女孩會做的事，透過這種方式結交好友可以讓你安心，讓你得到歸屬感，但同時也會帶來一定要好好表現、不能犯錯的壓力，進而讓我們感到不安定：她是我永遠的閨密嗎？如果她比較喜歡別的女生怎麼辦？她想搶走我的閨密嗎？我要怎樣才能贏？

這個迷思對女性影響特別深，「你不太會聽到男性之間使用『閨密』一詞」，演化人類學家安娜麥菁説道，她在研究友誼的初步階段發出一份問卷，其中百分之八十五的女性受訪者表示，自己擁有一名女性閨密，我個人覺得這個數據有點出乎意料，但安娜認為這可能和永遠的好朋友的迷思以及我們的生理機制有關。

「比例很高可能是因為她們承受了某種壓力，讓她們必須說『我身旁當然也有閨密，我不悲哀也不孤獨。』」她解釋，但她也補充道，男性對親密友誼的重視程度遠遠不及女性，「女性常常需要從友誼中獲取真實的情感親密」，她說道，「她們從中獲得某些女性所需的東西，男性不需要從朋友身上獲得情感親密，他們不需要非常親密的兩人關係，他們通常嚮往更大一點的群體。」

身為女人，我們在自己身上加諸許多壓力，逼著自己找到完美的伴侶、完美的工作、完美的房子、完美的家庭，我們總是被期許要做到面面俱到。現在這份清單又多了一個項目：完美的友誼，你必須找到那個懂你的女性靈魂伴侶，你只要挑挑眉毛她就能懂，她也知道你所有秘密，這是一個聽起來很夢幻的想法，但現實呢？現實通常不完美，這樣的迷思就和白馬王子一樣有毒。為什麼我們要讓女孩相信，完美的朋友會像彩虹小馬一樣出現，從此你的人生就會奇蹟般地完整，當然，不是所有女性都相信這樣的神話，但還是很多女性選擇相信，你可能甚至不知道自己就是其中之一。

「童年時，你會突然發現某位家人以外的人對你很重要，你可能會誤以為朋友就是『很像你』的人。」劍橋大學心理學家泰莉．艾普特（Terri Apter）說道，「這是某些女生會相信的迷思，『她就像我的姐妹、我的雙胞胎』，隨著她們成長、改變，她們會面臨一種困境，『難道這表示她不再是我的閨密了嗎？我該改變嗎？我該怎麼辦？』」

我們都很擔心友誼裡的某些東西改變，當你還年輕、全心相信永遠的好朋友這個概念，你可能會非常害怕改變，對於朋友改變的擔憂和你正在建立的身份認同密不可分，你容許自己面對失去「靈魂伴侶」的可能性嗎？你是否也試著隨之改變呢？難道這表示你們不再是閨密了嗎？

當大眾還是認為某人的成長導致友誼結束不符合永遠的好朋友的標準，或者兩人漸行漸遠就是不符合永遠的好朋友的標準，對於女性友誼的觀念便很難被扭轉。然而，隨著我們長大，這些適應朋友改變的過程也不會變得比較容易，我們不僅要容許朋友有空間擁抱新挑戰，還得克制自己不要一直認為老朋友就是那樣，期望她們一直保持我們初見面的樣子。假設你和朋友同樣過著單身生活，經歷類似的高低潮以及對未來的迷惘，一旦你朋友突然開始談戀愛，你就好像被拋下一樣，暗自猜想你們的友誼是否還是她心中的第一位，你們是否還有共通點，如同泰莉．艾普特所說：「這可能會帶來『她變了，所以我被背叛了』的感受。」

在我訪問的所有女性中，羅倫可能比多數受訪者更懂得友誼裡的改變，這樣的改變可以讓友誼變更好。當她開始轉變性向時，她和一名順性別女性朋友住在一起，她告訴我這個改變如何加深她們的友誼。

「我們住在一起的時候，我也正對自己的性向產生懷疑。」她說道，「你會先向室友出櫃，再來才是向朋友和家人出櫃，因為你會想試穿一些不一樣的衣服，如果能在自己房間以外的地方穿這些衣服會是一件很棒的事。M和我清楚記得某天晚上，我們躺在花園裡看著星空，聊著性別議題，以及那股壓得我不過氣來的暈眩感。」

「我們後來各自搬家後還有繼續保持聯絡，與此同時，我對我自己的身份認同也從『不知道我是誰』到『我知道我不是男人』，再到『我知道我是女人』，不管是從心態、賀爾蒙或社交禮儀上的改變，我發現我越來越能適應脆弱的感受，我比較能對我不想追求的人說：『我愛你，我想你，很高興認識你。』這些話我以前都說不出口，儘管我確實有這些感受。我不是說所有男人都這樣，但我總覺得男性好像不該對彼此說這些話。」

「隨著我更確定我的性向和身份，過去對於展示愛意和脆弱的擔心也放下了。我和M的友誼在這個過程中優先受惠，我發現我可以用柏拉圖式的女性友誼精神說一些我以前很怕說出口的話，她也能自在地說出這些話。」

當然，我不是說閨密不存在，但只有少數幾個幸運的人能夠真正擁有閨密，你只要聽過羅倫的故事就會瞭解。時尚設計師賈斯婷．塔巴克（Justine Tabak）就擁有這種珍貴的友誼，她和她的閨密認識超過五十年，從她們的母親在媽媽教室相遇時就認識彼此。

「我們常說我們從出生就認識了，大家都不敢相信。」賈斯婷．塔巴克說道，「我們很不一樣，但我們擁有非常相似的價值觀，這也是我們的友誼持久的原因。我們常常直接說出心裡的想法，給予彼此犀利的建議。我們幫助彼此度過婚姻、分居、生養小孩、喪親之痛等生命裡不同的階段。我很幸運我們擁有這樣一段友誼，隨著年紀增長，我更加瞭解這有多特別、多難得，她完全就是我的『姐妹』」。

對於許多告訴我自己擁有閨密的女性來說，「像姐妹一樣」是非常強而有力的形容，社運人士尼姆科．阿里（Nimco Ali）就是其中之一，她和英國前首相的太太凱莉．西蒙斯（Carrie Symonds）是閨密，早在她成為公眾人物以前就是了。

「這些年來她都沒變，我們的友誼也沒變，這對我而言非常重要。」三十八歲的尼姆科說道，「我不覺得她和我另外一位閨密有什麼差別，雖然她對我而言更像妹妹，比起我其他朋友，我對她會更有保護慾，我覺得說愛有點太多了，但妹妹給我的感覺和她給我的感覺是一樣的。」

有些女性會不好意思告訴我她們有閨密，「我覺得要說出閨密兩個字很彆扭，好像很幼稚一樣。」一名女性這樣說道，她接著才向我描述一名她生命中不可或缺的女性。這就是閨密的雙重束縛：不管有沒有閨密，我們都會覺得不好意思。也許我們應該欣然接受我們在尋找一種多元的標準，想要在現實生活中重現電影或書籍裡的親密友誼是非常困難的。

「從小到大我都很渴望有一位閨密。」一名三十幾歲的女性這樣說道，「很有可能是因為電視裡的角色都有認識很久的閨密，但是這也是她們看起來都很理想的原因，因為現實生活中根本很難達成，也因為人很複雜。我們會改變，在不同的人生階段能夠給予的東西也不一樣。雖然我相信閨密的存在，但不是每一段友誼都能長久，這樣想是不實際的。」

先別管永遠的好朋友了，我覺得我們該談談「現階段的閨密」。著有《我做錯什麼了？》（What Did I Do Wrong?）的友誼專家莉茲．普萊爾（Liz Pryor）這麼說道：「永遠的好朋友不是形容友誼最好的詞語，因為這讓沒有閨密的人壓力很大。我不認為閨密並沒有如此普遍，就像我母親過去常說的，這不是人人有獎的禮物。」

對我而言，最好的閨密這個概念是有問題的，因為它假定了某種先後順序。「最好的」到底是什麼意思？我最擅長做我自己，你最擅長做你自己，但這並不表示我們總能帶出彼此最好的一面。再者，把一切都投注在一段伯拉圖式的友誼上，這麼做的壓力太大了，很多友誼常常因此出現裂縫。沒有任何一個閨密能夠滿足你對友情的所有需求，就像沒有任何一個戀愛對象可以給你所有你想要的東西一樣，找一個滿足你情感上所有需求的閨密，這種想法太不切實際了，這樣的迷思只會帶來失敗和絕望，這也是為什麼「姐妹誓約」到最後會演變成控制慾和佔有慾，但從來沒人提過這件事，所以我們一直很努力想盡辦法讓一個有缺陷的友誼模型成真，這也難怪友誼常常以悲劇草草收場。

乍聽之下和成年人的愛情關係十分相似吧？找到一名愛情上的靈魂伴侶可以圓滿你的人生，這個概念完全來自於永遠的好朋友的想法，我們終究會理解愛情裡沒有「唯一」，那我們為什麼要騙自己相信女性友誼裡存在「唯一」呢？

如同被閨密傷害，我的心也曾被男人以不同形式傷害過，每一段都一樣痛苦，有時我都覺得自己的心可能已經傷痕累累，不斷受傷又沒有完全痊癒。當你的心被愛人傷害時，你至少可以找個新戀人轉移注意力，即便這個主意可能不是太好。但朋友並沒有那麼容易被取代，想要抒解這種心痛不能光靠幾杯酒，到一個人擠人的夜店隨便找一個新朋友，或者半夜打電話給一名老朋友，問她們能不能來陪你⋯⋯。我的每段戀情結束時，總有人會不斷問我還好嗎，但和朋友分手後呢？什麼都沒有，這顯示了友情和愛情在我們心裡的地位。

✿

要將友誼帶來的痛苦化作小情小愛太容易了，但它對我們造成的影響深到我們可能都不願意承認。當我們首次嘗試在家庭外建立重要感情關係，我們只懂得一些很簡單的情緒：愛、恨、需求，在這種時候被閨密甩掉會是一件很令人心碎的事。

雖說被閨密甩掉後生活不再一樣，這樣的敍述聽起來有點誇張，但我第一次被閨密甩掉後產生了一連串連鎖反應，讓我往後幾十年都不太相信女性友誼。

昆恩和我是女校的同班同學，我們坐在一起，我們當時才五歲，這表示我們差不多就是命中注定的閨密。我很愛去她家玩，她的臥室比我的還大，我們花很多時間在那裡編自己的舞、玩她的椰菜娃娃，更棒的是，我們的媽媽也是朋友，媽媽講著她們大人的事，我們在臥室裡玩一整天。我當時很確定昆恩會是我永遠的閨密，所以昆恩和我絕交的回憶讓我的心隱隱作痛超過二十年。

那是一九九三年，一名新同學來到我們學校，她有著我沒有的東西：神秘感，她的父母當時已經離婚，而我們身邊都沒有離婚的家庭，所以我一點機會也沒有。

某天，昆恩的父母在家裡舉辦一場派對，現在回想起來，不得不說，他們真的很會舉辦派對，源源不絕的酒，大人隨著大衛鮑伊的音樂起舞、到處抽煙，我們躲在沙發後睜著眼睛看著他們。身為昆恩最好的朋友，我以為我在她心中是最重要的。所以我永遠記得她在操場上直接去找新同學講話的場景。

「我父母要辦派對，你要來嗎？」

接著衝擊來了。

「克萊兒也會去，但那只是因為我們的媽媽是好朋友。」

我的眼淚奪眶而出，臉瞬間垮了下來，我不懂剛剛發生了什麼事，只覺得經歷了從未有過的痛楚，大概像是屁股被小碎片刺到一樣痛。我還是希望昆恩能當我的閨密，但我該怎麼辦？這是我短暫的人生裡第一次覺得自己不夠好。

我們很多人都遇過相同的情況。

「我十一歲就讀寄宿學校時，我們有一個四人小圈圈，結果其中一個女生覺得小圈圈已經容不下我了，所以她就從我房間門縫底下塞了一張紙條，告訴我這件事。」三十五的作家兼播客節目主持人潘朵拉．塞克斯（Pandora Sykes）這樣說道，「這是一個非常心痛的經歷，你感覺失去了一切，這些經驗會影響你的性格養成，就像你的童年往事可能會造成精神創傷一樣。」

聽到其他女性身上都還留有一點童年創傷，像是子彈碎片一樣深深扎在身上，自己反而會得到一種奇怪的安心感。我們可能都不記得昨天早餐吃什麼，但這些痛苦的回憶卻仍然歷歷在目。

「我十三歲時的某天，當我走進教室，卻發現我的閨密坐到別張桌子去了。」珍．倫農（Jane Lunnon）回憶道，「我當時覺得很丟臉，好像我做錯了什麼事一樣，我完全沒和我父母提過這件事，但當時真的感覺很糟。」

二〇二〇年，珍被《閒談者》（Tatler）選為「最佳公立學校校長」，當時，她時任溫布頓中學校長，正好也是我五歲到十二歲就讀的學校，在那裡我經歷過許多求學時期的閨密友誼。珍認為永遠的好朋友這個概念似乎已經成為某種邪教，她希望女孩們能吸收一些不同的概念。「女孩在成長過程中，一定會被灌輸要有親密友誼的概念。」她將一切都怪罪到「孩子成長過程中的性格刻板印象的養成：女生就要玩洋娃娃，女性氣質的核心和親密關係息息相關，『這好像是我們在行的事』」。

「『閨密』一詞也開始被商業化了」，她補充道，「社群媒體助長了這個現象，近年來，閨密好像變成了某種邪教。」

「我現在才四歲的女兒似乎也深受影響，『永遠的好朋友』的概念是很有害的。」「輕年人」（The Midult）播客節目和網站主理人艾蜜莉・麥米坎（Emilie McMeekan）說道，「無數件上衣和幸運手環都圍繞著永遠的好朋友的概念，這個狀況很糟糕。我其中一個女兒擁有閨密，但另一個女兒卻覺得閨密很難找，所以她覺得自己好像哪裡有問題，永遠的好朋友的概念已經根深蒂固了。」

從我和九歲的蘿絲談論她同學艾希的對話中，我們可以清楚感受到永遠的好朋友這個迷思的影響力。

「她是我的閨密，但她有時候很好，有時候不好。她有時會說：『你不能玩這個遊戲』，但有時她會讓我玩。」蘿絲說道。

她告訴我她要搬家了，所以她要轉學到另外一間學校，我問她是否會和艾希保持聯絡，還是她比較想到新學校交更多朋友。

「我還是想要一個閨密，因為如果我有很多朋友，就會有很多人想跟我玩，但是如果很多人想跟我玩，我又沒辦法和他們所有人玩，那無法跟我玩的人就會難過。」蘿絲說道。她的這番話正好點出了我在成人社交生活中感受到的愧疚感。

「你認為你和艾希會是永遠的閨密嗎？」我問道。

「可能不會。」

天啊，又一段成長過程中的閨密友誼破裂。

閨密這個邪教概念已經形成幾十年了，九〇年代時，我們在學校裡就常常說著誰是我們的閨密，我們會親暱地把書包和髮夾弄得一模一樣，我們會購買可以分成兩半的閨密項鍊，一人戴著一半，在大庭廣眾下展示對彼此的愛和友誼，這個象徵閨密情誼的物品可能是愛心、太陽、月亮或者閨密泰迪熊。

這一切看起來都很可愛也很無害，但這種閨密項鍊具有很多意義且不一定都是正向的，這些項鍊可能對每對閨密來說都很珍貴，但沒有拿到成對項鍊的人可能會感到被冷落或被傷害。高調展示獨一無二閨密情誼的舉動，好像特意將其他人排除在外，讓女性友誼淪為炫耀展示的階級象徵。

然而，閨密項鍊也會隨著時間而逐漸喪失意義：如果你們漸行漸遠，儘管身上還是帶著閨密項鍊，你的挫敗感可能會更加強烈，畢竟你們之前多麼強調這特別的閨密情誼。閨密項鍊在女孩身上加諸了許多壓力，好像她們就應該綁在一起成為靈魂伴侶，這些項鍊也可以被當作被動攻擊的禮物，收到禮物的人被贈禮者宣布成為閨密，但收禮者可能並不這麼認為，進而導致某一方心碎。我的某位朋友向我承認，她在學校找到新閨密時，她便將閨密項鍊的一半還給前任閨密，真殘忍。

我也有過閨密項鍊：一顆分成兩半銀色愛心，上面還刻著一隻海豚。我朋友依茲和我一起買的，當時我們在學校被分到不同班，友誼也因此受到影響，我們極力想得到某種安心感，這個方法雖然在當下有用，但隨著我們年紀增長，這個項鍊也象徵著某段經過時間試練、不成熟的親密情誼。最後，項鍊一直被放在一個小盒子裡，象徵著我過去全心相信卻也相當侷限的閨密情誼。

重新閱讀自己當年的日記，不僅讓我感到尷尬，也讓我十分驚訝我們當時多麼在意閨密這件事（有時甚至有第二、第三閨密當候補）。

一九九五年二月十日　星期五

親愛的日記：

我今天打電話給依茲，我想告訴她，她的毛衣和畫還在我這裡，但她不想和我說話，因為她的鄰居莎莉又在她家，我應該才是她的閨密吧。

愛你的克萊兒

一九九五年五月六日　星期六

親愛的日記：

瑪德蓮說我是她的第二閨密，我發現依茲好像覺得有點被冷落，我好愛基努李維！

愛你的克萊兒

一九九五年九月二十八日　星期四

親愛的日記：

我要上高中了，我和依茲分到不同班，我很害怕我們的友誼會消失，我們是閨密。明天要上體育課。

愛你的克萊兒

很動人的文字吧，我知道。山繆·皮普斯（Samuel Pepys），再努力一點吧；維吉尼亞·吳爾芙（Virginia Woolf），再加點油吧！我正在等英國國家圖書館重要手稿收藏部門的電話，通知我國家希望收藏我一九九三年至一九九八年的日記。很有趣的是，一九九六年那本日記的前兩頁被黏在一起，而且經過二十五年還是撕不開，估計可能是萬能膠水，但如果透著光看的話，還是可以看到上面寫著類似「我的閨密清單」以及蕾哈農、羅倫這樣的名字，兩個我已經想不起來的人。

這兩個名字也許是我閨密的假名（我一直很怕妹妹會偷看我的日記），她們也有可能是童年想像出來的閨密，也許她們只是我早已遺忘的電視角色。閨密邪教在社群媒體出現以前就是使用電視傳教，花兒身邊有希克斯，莫伊莎身邊有金，布菲身邊有薇洛，達莉雅身邊有珍蓮恩，雪兒身邊有荻安，《姐妹情》（Sister, Sister）裡的蒂雅和塔米拉是雙胞胎，和我妹妹一樣，但她們同時也是最好的朋友。拜託，饒了我吧！我們也很迷戀現實生活中的閨密情：寇特妮·考克斯（Courteney Cox）和珍妮佛·安妮斯頓（Jennifer Aniston）、茱兒芭·莉摩（Drew Barrymore）和卡麥蓉·狄亞（Cameron Diaz）、葛妮絲·派特洛（Gwyneth Paltrow）和薇諾·娜瑞德（Winona Ryder）。

最讓我受不了的是，我們一直被灌輸這些女性友誼的完美例子，與此同時，我們也被告知我們可能會搞砸友誼。從上學的第一天開始，我們就被認為是小心眼、易怒善妒、勾心鬥角的生物，我們並不會停下來思考那些可能會讓小女生對友情感到失望的行為，只著重她們的反應，這些反應常常被家長或老師簡化為「愚蠢的」行為。我們甚至融合朋友（friend）和敵人（enemy）兩字創造出 Frenemy 一詞，這個詞語已經過度氾濫使用於形容女性亦敵亦友的關係，那種表面上友好卻在暗地裡捅你一刀的女性朋友。「雙面人」也是一個常用的詞語，但你很少聽到小男生或男性被這樣形容。

「我常常聽到人們說：『小女生也可以很殘忍』」，育有一女的潘朵拉．塞克斯說道。「我瞭解他們的意思，隨著你的年紀增長，如果你在殘忍地下重手之前，通常還是會有所保留，但是年輕時還不太會掩飾。」她認為小女孩不一定是有意的，但她們會不斷測試底線，嘗試用新鮮的、成人的方式來對待彼此，體驗掌握一切的感覺。

我和我先生聊到這件事時，他回想起六歲時老師曾和他說過，女生就是愛吵架、愛記恨，男生呢？他們可能只生氣五分鐘，就讓事情過去了。我們一輩子都聽到這樣的理論，如果女性不是心胸相連的閨密（這組詞與也很性別取向），就一定會是掐著彼此喉嚨的仇人。那男性呢？他們很好相處，只要體育賽事和一杯酒就能建立友誼了。

最討厭的是，這種說法還不完全是錯的，只是過度簡化而已，我訪問的學者很快就指出這點，但總體來說，他們同意女性嚮往的友誼是以情感親密作為基礎，而男性呢？牛津大學演化人類學家羅賓・鄧巴（Robin Dunbar）這麼說道：「只要很會喝酒就夠了。」

「男性生活在一種匿名、俱樂部式的群體世界，成員的身份或者說是你朋友的身份並不是太重要，只要旁邊有人在就好了。」他補充道，「他們對友情不會思考得那麼深，我認為這某種程度上也為他們的友誼提供了多一點的保護，也比較不容易變質，但他們也因此體會不到女性從友誼中獲得的精神支持。如果你仔細回想八、九歲時的生活，女孩的友誼是非常侷限的，如果芙烈達沒有邀請你參加派對，就好像是世界末日來臨一樣。」

或者像我和昆恩的情況，她們多希望你沒被邀請去參加派對。

如果第一次友誼心碎讓我覺得自己不夠好，那麼第二次友誼心碎便是將我轉變成

「順從型朋友」，我變得被動、順從、總是想討好別人。一九九五年，我剛上中學，我和我的朋友依茲被分到不同班，也就是我需要在新班級裡找到一個新閨密。

瑪德蓮擁有許多顏色漂亮的筆，我們兩個都很迷戀威廉王子，我們肯定是靈魂伴侶吧！問題是，還有其他兩個女生認為她們才是瑪德蓮的閨密，所以表面上我們看似是感情很好的四人幫，實際上我們三人常常暗中較勁，為了坐在瑪德蓮旁邊或使用她的文具。現在回想起來，這真的很累人，我不知道為什麼當初會認為她們三個是我的朋友，瑪德蓮也沒有特別助長這種競爭的態勢，只是單純享受被關注的感覺，但誰不會呢？

然而，某天她還是做出了決定，我確定不是她的閨密，我好像已經踩到了某條隱形的線，她們三個開始不跟我說話，也不願意和我坐在一起，直接冷落我。白天在學校時我都假裝堅強，但下午一坐上媽媽的車就開始大哭，眼淚一滴滴落在我的習作本上，心碎地確信一定是自己不夠好。

因此，我決定有所改變，盡可能地討所有人歡心，聽別人講笑話都會笑，同意朋友說的每一句話。我會稱讚朋友漂亮的鉛筆盒，當個最稱職的綠葉，甘願成為朋友情緒需求中的第二位。這是我從茱蒂．布倫（Judy Blume）的《神啊，你在嗎？》（Are You There God? It's Me, Margaret.）這類的書中學到的，書中的瑪格莉特為了打入小圈圈，嘗試變成一個完全不像她的人，儘管她最後還是失敗了，但也許我有機會成功？

身為一個在郊區幸福家庭裡長大的小孩，這個讓自己變渺小的計畫正好撞上另一個災難：轉學，一方面是因為我太孤僻，另一方面是因為要讓我的妹妹一起入學。儘管我的友誼狀況相當悲慘，我還是不想離開我唯一熟悉的學校，**情況會好轉的**，我當時這樣告訴我父母（因為我會變得更好），拜託？

但是父母已經決定了，我持續哭著入睡將近一年，甚至可能更久，那種嘗試融入新學校的緊張感真的很糟，儘管我百般不願意，我好像還是很容易被注意到。我的聲音比較短促，可能是因為上了多年戲劇課的關係，我的身體發育比較晚，所以一直都很瘦，但我不覺得這是個問題，直到我的新同學告訴我。

你的胸部呢？

你有穿胸罩嗎？

你化點妝會更好看。

你看起來好像得了厭食症。

我站在置物櫃旁時，某些女生會大步走向我並戳我的屁股。便服日時，我穿了一件肉色喇叭褲（很吸引人，我知道），一名所謂的新朋友為此發了一頓脾氣，甚至還賞了我一巴掌，她說：「我只是開玩笑的。」但我的臉上就被她留下一個紅紅的掌印。

我當時只要有一秒認為以轉學生的身份在新學校找到新閨密很容易，這個事件便是無情把我打醒的警鐘。

現在你知道為什麼安娜的友誼對我那麼重要了，在我嘗試討好別人、極力想要拉攏安娜一年後，安娜終於成為了我的閨密。這也是為什麼她和我絕交時我會這麼受傷，我還以為我們是閨密，我的交友情況終於好轉了。

去過無數次多雨的康瓦爾海邊度假後，這次的加州行是我們全家第一次出國度假，回國之後我超級開心，帶回來很多故事。我記得當時躺在家裡的沙發上，把我家白色的電話放在胸前，手指撥弄著電話線，按下了安娜家的電話號碼，這是我過去幾週以來第一次聽到她的聲音，但是一切都變了調。安娜很嚴肅地向我解釋，她過去幾週都和另一群女生玩，她們都在聽一些不一樣的音樂，做一些你不會認同的事，她掛電話後我就哭了起來。回學校後，我把從美國帶回來送她的禮物放進她的置物櫃，一本由回收迴紋針製成的筆記本，她後來也沒有向我說謝謝。

我在夜裡輾轉反側、反覆思考她口中的你不會認同的事，我不懂她想表達什麼，這不僅讓我感覺自己沒有資格當她的閨密，而且我好像還很幼稚，但我不太知道自己哪方面不夠成熟，所以我無法改變任何事。

每當我向朋友問起永遠的好朋友這個迷思，很多人都表示她們多希望能早點被鼓勵思考這個迷思不切實際的面向，這個迷思甚至到現在還影響著她們的生活。二十七歲的薩米哈．沙克（Sameeha Shaikh）告訴我，她在求學時期很執著於擁有一個閨密，「這樣的心態持續了非常久，這是我的弱點，因為我的生命裡已經有很多很棒的人了，但我對這些人的期望過多。」她這麼說道。即便是現在已經三十九歲的凱拉，她也覺得自己擺脱不了這個迷思。「我有個朋友告訴我，我是她的永遠的閨密，她會在訊息裡或卡片上寫下這件事，但我總覺得有點心虛，因為她不算我的閨密。」她説道，「我不想只有一個閨密，坦白説，我覺得我們長大成人後就不該使用這個詞。」

如果我能告訴九歲的我這些事，有幫助嗎？還是該從痛苦中學習比較好呢？至少我確定一件事：如果我沒有選擇相信永遠的好朋友，我就不會容忍我的某些行為，和閨密分手時我也不會太心碎。假如女性長大的過程裡，有人教育我們不要被這些迷思侷限，這些友誼可能也不會結束。安娜可以去交新朋友，也可以和我繼續當朋友。這也是為什麼我覺得應該鼓勵孩子別在同一個人身上投注所有心力，而是盡可能結交不同社交圈的朋友，藉此讓他們對成人生活能有更好的準備。

友誼教練兼作家夏絲塔．尼爾森（Shasta Nelson）認為，我們可以使用另一種方式看待閨密迷思，「我會説我們不該主動把『閨密』貼在某人身上，這應該是我們從相處中產生的共識。」她說道，「我們總想著『我是某人的閨密嗎？誰是我的閨密？』而不是『我可以同時擁有好幾個閨密』，將『閨密』視為友誼品質的標準，而不是數量限制。我們可以擁有超過一個閨密，這只是表示某段友誼的意義已經達到標準。在想著自己應該找到唯一的閨密和被人選為閨密的過程中，我們已經造成了不少傷害，這其實有點誇張。」

我很喜歡夏絲塔將閨密的重點放在**品質**，而不是數量，如果朋友雙方都想要的話，這個概念可以應用在任何一段人生中重要的友誼裡。如果你能這麼思考閨密這個的概念時，壓力自然就能減輕了。除此之外，羅賓・鄧巴告訴我，他觀察到女人都會說自己擁有一個閨密，這很常發生在年輕或接近老年時，「我很意外看到這個現象在中年出現斷裂，但到了老年卻又出現反彈，這是我在年長女性身上看到的現象。」他解釋道，「我認為可能是因為隨著生育能力下降，你和某人一起**做**某些事的能力也會下降。」

這是一種解釋，另一種解釋可能是因為隨著我們步入中年，閨密迷思也漸漸無法影響我們。沒錯，這個年紀的我們常常因為事業、家庭、旅行、申請退稅、瀏覽地產網站感到疲累，但我們也已經看膩了友誼不如想像中完美的窘境。隨著年紀增長、朋友逐漸離世，你會發現自己想帶著一輩子的智慧重新尋找閨密。如同九十一歲的海爾格・魯賓斯坦（Helge Rubinstein）所說，你會在後面的書頁中讀到她的故事，她表示，也許這是我們生命中最需要感受到永遠的好朋友的兩個時期：當我們年輕時試著踏進社交世界，以及當我們年老時覺得自己終究是一個人。

最後，我發現不和安娜當閨密比較好，因為我可以隨意和別人共進午餐，可以和其他女生坐在學校後方的公園（我們總是結伴去公園以防有暴露狂），也因此展開了許多段不同的友誼。

其中一個新朋友就是瑪莉，多年來，我們都在同一堂數學課上，我們是班上唯二被放在後段班的同學。雖然她身上有著許多令我卻步的元素：高跟鞋、飛行夾克、有層次的短髮，宛如暗黑版的葛妮絲・派特洛從電影《雙面情人》（Sliding Doors）走出來一樣，但她還有更多面向：她很風趣、善良、喜歡地下音樂。我漸漸將她視為朋友，而不只是一起抱怨數學的同伴。

一年後，我們升上六年級，一切又產生了變化，新同學的加入讓已建立的友誼也開始鬆動，感覺像是新的開始，這些新同學從未看過我們在體育課上哭，也不知道我們因為過去那些失敗的友誼而感到羞恥。

瑪莉、我和一位新同學組成了三人組，剎那間，我的社交生活改變了（我有社交生活！）我們遇到一群富勒姆某學校六年級的男孩，也開始在每週五晚上溜去酒吧，我們總是能夠成功進去，因為哪間名聲響亮的酒吧會拒絕三名特別打扮（二〇〇一年流行粗花呢絨褲、有跟涼鞋和細肩帶無袖上衣）的青少女呢？我們會在歷史課上傳紙條討論上週五晚上的細節，而不是認真學習一八八九年至一九八九年的德國經濟史，我們會一起去看樂團表演，隔天再一起渾身煙味地走進學校。

我也交了其他新朋友：在交誼廳和我聊天的女生，和我一起翹掉通識課的女生，和我一起去咖啡廳吃午餐的女生。對我而言，她們非常重要也完全不重要，我喜歡她們，但我不確定我們的關係究竟為何，我很擔心她們會覺得我很無聊，或者我會做錯什麼事。但多年以來我一直沒有意識到的是，我當時其實已經漸漸理解，如果我不再過於重視某人，如果我不再相信永遠的好朋友的迷思，友誼會有更多的可能性。

如果你仔細思考，便會發現找到你的女性靈魂伴侶、被選為女性靈魂伴侶或者遵守姐妹誓約等這些事，好像另一套女人應該遵守的原則，這也表示我們加諸了更多壓力在自己身上。

坦然面對不是更好嗎？非常少數的人能夠擁有一名真正的長久閨密，這也沒什麼大不了，我們在人生中也可以結交不同的朋友，她們帶出我們某部分的個性，滿足我們某些情緒需求。事實上，大多數人最後都會瞭解自己想要的是一群朋友，而不只是一、兩個閨密，如果我們能早點知道這些事不是更好（更省時間）嗎？

想要擺脫迷思可能要花上好幾年，即便我們漸漸看透永遠的好朋友的迷思，這個迷思還是可能持續留在我們腦中，不斷叨念著我們不能讓朋友失望。這也是為什麼當我們緊急翻找訊息、尋找朋友的地址，要趕在最後一分鐘寄出生日卡片，或者忘記朋友小孩的出生日期，我們都會感覺很糟，好像我們本該記得這些事，因為我們是靈魂伴侶，這些都是讓我們感到罪惡感的友誼迷思：對完美友誼的期望從一開始就壓著我們，但這完全不是事實。我和安娜分手後幾個月，一名相當有智慧的同學告訴我：「我現在更喜歡你了，因為你不再是別人的小跟班。」

現在回頭看，我真希望我能早點學到這一課。

交朋友的公式

迷思：女性朋友永遠不會像伴侶一樣「懂」你

陰道蒸浴、玉蛋、大骨湯和花椰菜米，坊間總有列舉不完、缺乏科學根據的方式，宣稱能促進身心健康、讓我們活出更好的自我。你可能就試過其中幾項：不管是數位排毒，或者讓你的家更**身心舒適**（hygge，一個來自斯堪地那維亞語系的字，基本上就是叫你在家裡塞滿蠟燭和毛毯），我們都很嚮往能活得更久、活得更好，但只要改善生活裡某個面向，就能幫我們達到這兩個目的，答案就近在眼前，那就是友誼。

研究顯示朋友對我們的身心有益，友誼能幫我們降血壓、減緩增重[6]、增強免疫系統[7]、預防心血管疾病[8]和感冒[9]，也能幫我們減輕壓力[10]、改善心情，讓我們開懷大笑[11]，釋放我們都想要、讓我們心情好的腦內啡，幫助我們對抗身體上的疼痛[12]。如同二〇一六年某期《時代》（Time）雜誌的標題所說，「朋友比嗎啡更好。」

沒朋友也可能會持續對我們造成傷害。美國楊百翰大學心理及神經科學教授茱莉安·霍特—隆斯達教授（Julianne Holt-Lunstad）發現，如果你沒有任何社交生活，死亡風險便會提高百分之二十六，與一天抽十五支煙一樣致命，與空污或活動量不足相比，毫無社交生活直接預測了你會早死，甚至比肥胖更傷身體。你可以不抽煙、住鄉下、跑馬拉松、擁有堪稱全世界最完美的身材，但這樣的你卻沒有朋友呢？那你還不如每天吃大麥克當早餐。不管你有沒有閨密，友誼對我們的生命都很重要，雖然所有人都能受益於上述的健康回饋，但某些健康回饋是女性獨有的。

二〇〇〇年以前，沒有任何研究指出戰或逃的生存反應——據說是人類原始的驅動力——適不適用於女性。一九三〇年關於戰逃反應的分析結果，其研究對象清一色都是男性。

加州大學教授雪萊·泰勒（Shelley Taylor）心想，也許這個研究結果有些偏頗，也許女性面對壓力時的反應不一樣，你知道嗎？真的是如此。她的研究結果顯示女性在焦慮的情況下，身體會釋放催產素與雌激素結合，這表示大多數女性面對危機時，行為模式會有所不同，泰勒將此稱為「照顧與交友」——本能性地選擇保護後代（如果有的話）以及與其他女性產生親密連結[13]，這也是我們遇到壞事時，會拿起電話打給朋友或母親的原因，而不是選擇逃跑。這是女性關係的萬靈丹，換句話說，面對最脆弱的撞牆期時，我們總會積極尋求女性朋友的協助，這是我們面對壓力或危險的方式。

「面對壓力時，男性可能傾向選擇戰鬥或逃跑，女性則是選擇照顧與交友，這似乎也解釋了全球死亡率的性別差距。」泰勒的研究得出了這樣的結論，你若仔細想想，這是不是很不可思議呢？

基本上，女性友誼就存在於我們基因裡，演化史顯示建立堅強社交結構的女性更容易存活下來，在各大洲的各種文明裡，我們總是同心協力養育後代並支持彼此，我們圍著營火坐下來、講故事，創造我們自己的社群，在外獵捕老虎的男性則成了我們茶餘飯後的話題。

在某些社會中，這樣的狀況還是很明顯，日本沖繩群島的女性平均壽命高達九十歲，位居全球第一，她們長壽的秘密之一就是當地居民從小建立的朋友圈，五人的朋友圈為彼此提供一輩子的支持。

以下活動也見證了女性的團結力有多強大：全球性的反性侵性騷運動「＃我也是（#MeToo）」，波蘭、美國、阿根廷和墨西哥等地對嚴格墮胎法案的示威，為了被性侵殺害的女性發聲的大規模抗議行動，範圍更是遍及西班牙、印度、阿爾及利亞、奧地利、南美洲、吉爾吉斯、法國、獅子山、科索沃、南非以及英國克拉珀姆公地。

身為女性可能多少都會遭遇危險，而女性友誼可以是很好的慰藉。本書的女性受訪者都陪伴過其他人走過人生低谷：家暴、謀殺、離婚、成癮、憂鬱症、失憶、不孕、癌症、孤獨和悲傷，她們互相支持、遞送食物，她們很誠實也很脆弱。

本書收錄的故事具有許多共通點，這不禁讓我思考：難道女性友誼有公式可以參考嗎？還是我們在無意間遵循或試著遵循某些規則或藍圖嗎？

《愛的原因》（Why We Love）一書的作者安娜．麥菁博士研究女性友誼多年，比大多數人都知道其對我們的意義。她告訴我，當她一開始研究這個主題，她對自己的發現感到十分驚訝：獲得較多情感親密的異性戀女性，能夠更輕鬆地做自己，她們與女性友人相似程度之高，是她們生活裡的任何人、甚至是伴侶都比不上的。

你仔細想想，我們多麼相信愛情是一切的答案，因此，這樣的研究結果確實令人意外，但也不禁讓我們反思女性從女性友誼中得到的情感連結與支持。我們很自然地以為伴侶能「使我們更完整」，我們甚至告訴他們：「你是我最好的朋友。」然而，根據科學研究顯示，他們無法滿足我們的情感需求，也無法像其他女性一樣瞭解我們，這個結果讓我很驚訝，因為我們從小就聽說愛情是通往永恆幸福的途徑，但這個概念現在有個強勁的對手——女性友誼。

「我們如果仔細觀察腦部掃描的圖片，便會發現當女性與其女性朋友經歷情感親密的時刻，她們腦中會出現正面的回饋。」安娜說道，「我們看到腦中的獎勵中樞很活躍，而杏仁核的活躍程度則會降低（腦中掌管情緒反應的部分），這表示她們不害怕親密，也不會因為親密而感到壓力。如果你將男人放在同樣的狀況下，便會觀察到較為負面的回饋，他們的杏仁核會十分活躍，這是害怕的徵兆：『我其實不想和男性朋友進行親密對話。』」

安娜解釋道，這也是為什麼女性偏好和另一位女性坐在酒吧喝酒，享受眼神交流和深度對話，男性則可能偏好一起去騎腳踏車。然而，不管女性友誼對我們的身心健康再怎麼好，在愛的階層地位裡，我們又如何評價它呢？

當我問安娜為什麼我們這麼難說出自己對女性朋友的看法，她回答道，「我們真的有困難。我會訪問人們：『你愛你的狗嗎？』她們會說：『當然。』然後我會接著問，『你愛你的朋友嗎？』……『嗯，我不知道』。每當說到友誼，我們總是不太願意說『愛』，我覺得這個現象很有趣，當你訪問來自地中海國家的人們相同的問題，她們會說：『我好愛我的朋友』，這可能真的是文化差異，我們可以很開心地對自己的狗表達愛意，但講到朋友時卻有所遲疑。」

我對此非常震驚，我們如此執著地認為愛情是生活中的重要元素，卻忽略了近在眼前的友情（還堅定地將寵物擺在朋友前面。）

女性從小被教導自己的生活是繞著男性轉的，我們從有了第一個心儀對象開始就在實踐這個說法，我們可以花上好幾個小時分析一句無心的話或某個眼神交流的時刻，我們學著為某些只存在於我們腦中的男性觀眾而活：除去身上的毛髮，儘管我們週末可能只計畫穿著運動褲在家裡看電視；拿本書坐在咖啡廳裡，但心裡只想著自己看起來夠不夠神秘、性感；洗澡時閉上眼睛、斜著頭，想像自己在拍微色情的洗髮乳廣告。瑪格麗特・愛特伍（Margaret Atwood）在她的小說《強盜新娘》（The Robber Bride）中寫道：「你是個女人，但你腦中也住著一個觀看著女人的男人。」這個內在之眼是一種內化的男性凝視，也意味著異性戀女性不夠重視彼此之間的關係。

如同我們所知，女性從小就被灌輸許多童話故事，也就是說我們認為談戀愛和結婚能讓我們美夢成真，我已經達成了這兩項目標，所以我可以告訴你，這一切很美好，但這絕對不是我人生成就的顛峰，雖然我們常常用「另一半」這類的詞語來形容伴侶，我甚至還是在婚禮上逼迫親友唱《二合一》（Two Become One）這首歌。

「這些說法很荒謬，因為愛其實是一個巨大光譜。」安娜・麥菁說道，「身為人類，我們何其幸運擁有這麼大的腦袋，讓我們得以用各種不同的方式、與各種不同的人戀愛。然而，我們卻輕視了這一切，認為愛情才是生活主要的動力，這完全是錯的，這讓我有些生氣，因為我認為社會總喜歡關注愛情，這很奇怪。」

我們必須開始認真討論女性友誼中的愛，重新定義女性友誼在我們生活中的地位，更自在地向朋友們表達愛意，如果我們真的能做到這些事，你能想像我們面對友誼時，能變得多放鬆、多有安全感嗎？如果有一種友誼公式能讓你對朋友說我愛你時不會感到奇怪呢？至少，我們都會知道我們的關係進展到哪裡。

「我們已經被制約了，你可以向伴侶和孩子說我愛你，但對其他人說我愛你就會感覺不自在。」安娜說道，「當你每天和朋友膩在一起，你可能心想：『我想在這裡嗎？』這表示你是選擇和她們在一起，這是選擇過後的愛，一定是更加強大的。」

友情的愛完全是有條件的，每當你和一位朋友談話、見面、分享私事，你都是有意識地決定投資這段友誼。如同作家柳原漢雅（Hanya Yanagihara）所說：「友誼是我們生活中最被低估的關係，因為友情是唯一不受法律、血緣或金錢束縛的關係，只有雙方說不出口的感情。」

然而，我們卻缺乏適合的語言來表達友情中的愛。當然，每個人接受和付出愛意的方法不盡相同，對有些人來說，貼心的舉動是最重要的，但也有人覺得花時間相處或肢體上的親密比較重要。若能找到講述女性友誼重要性的共通方式，這對提升女性友誼地位而言會是很重要的一步。

許多現在用來形容女性友誼的詞語，不是矯情就是極度的無意義：姐妹情、姐妹淘、姐妹群、閨密圈、永遠的好朋友，姐妹比男人重要、姐妹是生命的動力等。

如果使用愛情的語言來描述女性友誼，聽起來或許會更有影響力，大家也會更瞭解我們的意思。我們已經在「分手」或「心碎」這兩個詞語上貼上標籤，我們知道愛和悲傷在情緒光譜上帶給我們什麼樣的感受。如果要形容與柏拉圖式的新朋友候選人喝茶、吃蛋糕的興奮感，這種興奮感便包含了你們對話越來越熱絡的過程，從接連不斷的小笑話、在來回對話中慢慢建立起親密感，進而確認彼此能夠成為朋友，我們可以承認遇見新朋友或老友重逢時那種興奮不安的感受，我們只需要摒棄一個概念。每當我們講到與他人的親密關係，我們通常指的就是性愛，但很多時候我們感受到的親密是情感上的，而非身體上的。

然而我們總是將這兩種親密搞混，這也是為什麼西蒙．波娃（Simone de Beauvoir）的小說《形影不離》（The Inseparables）於一九五四年完成時，女性主角之間的情誼被認為太過親密，一直要等到二〇二一年才得以問世。這本小說改編自她人生中一段非常親密的友誼，精準地捕捉了女孩之間可能存在的柏拉圖式愛情，沒有午夜狂歡、社群貼文或閨密項鍊，只有情感上的親密，這也是我們前面提到的女性友誼的基礎。

我第一次和我先生提姆約會的前一刻，我在火車上狂冒汗，一直想著下車掉頭回家，或者至少去藥妝店買一小罐體香劑，讓我可以在地鐵上偷偷多噴幾下。我還清楚記得當時胃在翻攪的感受，緊張、興奮和恐懼夾雜在一起。我面對朋友也是完全一樣的狀況：確認自己穿著好一點的衣服，仔細地化妝，想像我們會聊的話題，覺得非常緊張。

「我將每段友誼都當成戀愛，儘管我很喜歡和大家一起吃晚餐，但我還是比較常和閨密一對一單獨見面，不是那種星期一我們提早去吃晚餐、不喝酒，而是星期五晚上我們用心打扮出去玩。」潘朵拉．塞克斯說道，「多莉．阿德頓（Dolly Alderton）和我總是『認真看待』我們的晚餐，就像和老公約會一樣，和朋友約會我也會緊張，可能還更緊張。你和某人同居一陣子之後，緊張感便會來自與朋友的相處，這是不會改變的，除非你放棄了友誼中的戀愛感受，或者打從一開始就認為友誼不值得像愛情一樣經營。」

我相信友情值得被像愛情一樣看待，如同最棒的戀愛關係總是奠基在友誼之上，最好的友誼也應該奠基在一點愛情之上。

我先生總是開玩笑地說，我只有在和姐妹出門渡假時，才會剔腳毛、做比基尼除毛以及買新內褲。他是對的，因為這就像是準備去某個有機會做愛的週末，但是多了真心想要的愜意、姐妹才懂的笑話、紅酒和營火，卻沒有性愛關係，我想要準備好自己來感受這一切。和女性朋友在一起得到的滋潤比連續四十八小時的性愛來得多了，你還不用假裝對方從情趣用品店買的羽毛丁字褲是你穿過最舒服的內褲，而且絕對不會害你的陰部發炎。

我們除了不會向朋友吐露愛意，我們也很難面對一些艱難的時刻，例如：衝突。很多女性受訪者告訴我，女性友誼應該是很直接的，當一切變得「太困難」，她們便會選擇結束，因為這表示其中一定有問題。

或許這個說法有時是對的，但我們不該相信女性友誼就是全然的美好，要將其理想化很容易，就像根據一些不切實際的故事而理想化愛情關係一樣。我們人生中的每段親密關係都混雜著許多情緒：有高潮也有低潮、意見不合、互相傷害、興奮、期待和喜悅，在彼此心中佔有一席之地，一起同甘共苦。

面對婚姻，我們可以理解並接受這些事，婚姻誓言裡都會提到，希望你婚姻美滿的人可能也會這樣告訴你，以下摘錄一些我和先生在婚禮上收到的建議：

承認自己偶爾會犯錯

保持良善

尊重、支持彼此並保持愉悅
督促彼此、珍惜生活
抽空一起畫畫
意見不合以剪刀石頭布解決
不要穿內衣（我唯一真心聽進去的建議）

聽過許多句恭喜後，我很慶幸地知道大家都承認婚姻不容易，需要花心思經營，這也會回過頭來鼓勵你，婚姻不需要保持完美，也會帶給你走過風風雨雨的信心，更抒解了童話故事帶來的壓力。然而，我們卻告訴女性她們之間的友誼——通常是我們生命中最親密、最重要的關係——應該要是輕鬆、沒有衝突的，這種說法不會顯得有些諷刺嗎？我們為什麼不能允許自己在友誼中經歷各種情緒呢？

在經歷過友誼中的高潮和低潮以前，我從未這麼想過，我的世界就分為「好友」以及對我「有害」的人，但一心認為好友就會永遠支持你是很可笑的想法，她們當然不會，這樣多累啊？多麼虛偽啊！每段友誼都會經歷高潮和低潮，就算和世上最完美的女性交朋友也一樣，如果你沒去過聖母峰的山腳，就永遠無法攀上山頂。

這一切都源於女性友誼沒有公式，沒有規則手冊，愛情裡有些儀式可以象徵彼此之間更進一步的承諾，但閨密之間呢？什麼都沒有。

此外，友誼的安全感很容易被破壞，我們有什麼實質證據能證明某人是朋友呢？如何證明她們真的喜歡我們？訊息？當然，生日卡片？也可以，但這些東西算嗎？還是這些東西只代表朋友之間的責任和義務呢？

身為人類，我們總是渴望看到一些里程碑讓我們安心，或藉此來評斷一段關係的重要性。「標記一段戀愛關係、讓大家知道你的伴侶是很正常的事，但我們卻不太願意標記一段友誼，承認某人是你朋友，也許是因為害怕被她們拒絕。」三十五歲的瑞貝卡透過電子郵件這麼說道，「友誼裡常見的灰色地帶，對許多在戀愛中的人來說是無法接受的。我認為最好的友誼需要承諾，才能評估和瞭解那段關係的狀態，同時也知道如果要繼續下去的話，你們兩個又是怎麼定義這段關係。」

我們只有在生命中最艱難的時刻才會展現出這樣的承諾，在婚禮和新生兒派對上當然也會，但悲劇和疾病會更讓我們感受到自己對女性朋友的感情，有時甚至會不自覺地流露出來。我朋友的父親年紀尚輕便意外過世時，我就有這種感受，我寫了封信給她，去了她父親的喪禮。幾年過去了，我還是常常想到她父親以及她必須經歷的悲傷。我另一個朋友的孩子早夭時，我也再度感受到自己對她的感情，我到現在都還記得當時的感受，內臟不斷翻攪以及無力感，我當時非常想對她展現我的愛。

「我被診斷出乳癌時，我很驚訝地發現，我的友誼因此變得更加強韌，在我最需要她們的時候。」四十一歲的記者羅莎蒙・迪恩（Rosamund Dean）說道，「朋友們送我頭巾、絲質睡衣以及喀什米爾羊毛襪，她們熱切地希望我能在這段低潮期好過一點，我感激得快要流淚（雖然本來也就常常流淚。）一起散步時，我們會以從未有過的方式談論死亡、恐懼以及企圖心，不只我最親近的朋友這麼做而已，就連失聯五年的大學同學也傳訊息給我，讓我知道她們有想到我。只和我在校門口小聊過幾句的女性，突然在我家門口留了一鍋燉菜，主動提議幫我照顧小孩，讓我可以好好休息。當我面對著癌症的三項殘酷挑戰：化療、手術和放射治療，她們讓我變得比較安心，也讓我感覺被照顧。得到癌症並不會帶來太多好處，但重新愛上我生命中的女性絕對是其中之一。」

愛就在那裡。我們只是需要學習大聲說出來，不論生活是開心還是難過。

友情裡其中一個應該慶祝的象徵標的就是閨密節，沒錯，真的有這一天，這是二〇一〇年由情境喜劇《公園與遊憩》（Parks and Recreation）裡的萊斯利・諾普

（Leslie Knope）創造出來的，概念就是在二月十三日這一天，和你最親近的姐妹聚在一起吃晚餐、喝香檳、做美甲、彩繪馬克杯或做任何你們想做的事。近幾年，各種商店已經開始販賣相關的問候卡片來紀念這一天（「你永遠是我最棒的姐妹」之類的），女性雜誌上都會列出閨密節的禮物清單，鼓勵我們購買繡著乳頭的T恤送給朋友，或者如《柯夢波丹》（Cosmopolitan）雜誌所寫：「天啊！不要覺得壓力大，首先，就像情人節一樣，你也可以不要過閨密節，但是這天就是要大聲地對朋友說愛，你怎麼捨得不過閨密節呢？」

不要覺得壓力大，對吧？

我不認為必須硬定一個節日稱頌女性友誼、彼此贈送禮物，安娜．麥菁的研究發現[14]，禮物並不能增進女性友誼，反而會讓彼此情緒親密的程度降低，所以把錢省下來吧。對我而言，這樣展現友誼親密的方式太商業也太牽強了，如果我們像在愛情關係裡一樣創造自己的里程碑，這樣不是更好嗎？

著有《你就是不懂》（You Just Don't Understand）的語言學家和友情專家黛柏拉．泰南（Deborah Tannen）認為要訂出友誼的里程碑有困難，因為友誼不太會有重要的分界點，像是第一次約會或初吻。「不會出現『我們從朋友變成戀人的狀況』」。她說道，「如果只是『從點頭之交變朋友，再變成更好的朋友』，這樣很難界定一個明確的起點。」

愛情的紀念日很容易深深烙印在你的腦海——初次見面／擁抱／同居／訂婚／結婚／養貓的那一天，難道沒有一個明確的起點，就表示我們不能慶祝友情的里程碑嗎？沒錯，相較之下確實比較普通；沒錯，就只是日記裡的另一項記錄，但這些里程碑的樣子可以由你決定，不論是一杯茶、一通電話、一張卡片、或一則簡單的訊息，只要不讓彼此付出更多情緒勞動或承受更多的壓力都可以，目的是找到適合自己和朋友的方式，認可你們建立的情感，儘管生活中有這麼多壓力和責任，這絕對和初吻或同居一樣值得紀念。

現代社會人們面臨的很大一個問題就是「時間」，日常生活中所有事情都擠在一起的壓力，我們總是覺得時間不夠用，在這種情況下還能維持友誼或交新朋友都是一件不可思議的事，想想看這要花多少時間。你要有心理準備，一段成功的女性友誼需要兩人之間的火花才能點燃，但這其中還是有公式的。堪薩斯大學教授傑佛瑞・霍爾（Jeffrey Hall）於二〇一八年發表的研究[15]顯示，從點頭之交變成普通朋友需要相處超過五十個小時，從普通朋友晉升為有意義的好友需要九十個小時，成為親密好友需要兩百個小時，重點就是要付出心力，「你不可能在彈指之間就交到朋友」，霍爾說道，「經營親密關係是生活中很重要的功課。」

我不知道你怎麼想，但兩百個小時聽起來有點太多，一百次的兩小時酒吧聚會或喝兩百次的咖啡，也可能是一起吃飯六十五至七十次，為了一個新朋友要攝取很多酒精、咖啡因和起司拼盤。

這不是我們想聽到的對吧？如果你和我一樣，只要和朋友見面、通話或傳訊息的時間不夠多，你就會覺得自己分身乏術，身上被無數罪惡感壓垮，儘管你並無惡意，你還是會擔心自己被視為壞朋友，你覺得她們會認為自己被忽視了，但你可能只是快被生活淹沒了而已。然而換她們很難抽空與你聯繫感情時，你也同樣會覺得被忽視。

如果想要減輕這種壓力，就要學習安排優先順序，這時，鄧巴數就派上用場了。鄧巴數是牛津大學演化人類學家羅賓．鄧巴的智慧結晶，前面已經提過他了，鄧巴的事業從研究靈長類開始，他發現大腦的大小和社交圈的大小有關，他和他的同事決定將這套理論應用到人類身上，從靈長類大腦和社交圈大小的比例推斷出人類社交圈的「魔術數字」是一百五十，他們發現人類歷史上有許多和一百五十這個數字有關的例子：這是人類理想群體的最大值，這也適用於早期的打獵採集社群、羅馬陸軍單位，末日審判書裡的村莊、聖誕卡片的收信清單、我們一年內用電話聯絡的人數，超過這個數字，人際網路便會分崩離析。

根據鄧巴的理論，每個人的一百五十人會再細分成不同的小圈圈，最親近的只有我們最愛的五人，我們每天最常互動的人；再來是我們「非常好的朋友」，十位我們最重視、每週可能都會聯絡的朋友；再來是好朋友（大概三十五位）；再來是「普通朋友」或點頭之交（大概一百位），這一百五十人會在不同的小圈圈進出，當某個小圈圈滿了，新朋友便有可能取代小圈圈內的某個朋友。每個人的性格都有細微的差異，性格內向者傾向專心經營最內圈五人的友誼，外向者則比較會向外拓展，普遍來說，女性比男性擁有更多親密好友。

即便你不同意羅賓．鄧巴的研究結果，他的理論確實證實了我們真正會聯絡、維繫感情的人有限，我們都會有意識或無意識地決定誰屬於哪一個小圈圈，以及我們能分配多少時間給她們。

我的姐妹們就是最完美的例子，想當初，我還在鄉村俱樂部裡到處尋找穿著防水外套和長筒靴的女性……一個求學時期的老同學，三個大學時期認識的朋友，我的兩個親妹妹，幾個過去工作上認識的朋友，一個透過前男友認識的朋友，她們過去幾乎不認識彼此，我是她們之間的交集，她們透過我的朋友圈而互相認識，經過多年的嘗試、失敗、再嘗試，現在這是我自己的友誼公式，我沒有永遠的閨密，但我擁有柏拉圖式的生命伴侶或靈魂伴侶。

反之，我有一群女性朋友，一群關係沒有如此緊密的女性，我和她們在不同的地方認識，有些朋友可以再被分成三人或四人的小群體，許多人則適合單獨見面，這是我的交友方式，你們可能有不一樣的方法。不管友誼長什麼樣子，我們的友誼小圈圈都會從過去、現在和未來吸收能量，你可能會有認識非常久的朋友，或者你會從過往的友誼中學習到寶貴的經驗，成為你未來交新朋友時重要的養分，重點是你的友誼圈圈可能不會遵循某種既定的公式，一切都看你怎麼決定。

我們需要知道的是女性友誼的經歷有很多種，我會在接下來的章節裡慢慢解釋，你只需要找到最適合你、對你最健康的方式，不一定需要陰道蒸浴、花椰菜米和讓你**身心舒適**的產品。

有毒的朋友

迷思：有毒的友誼都是單方面造成的

我需要喝一杯，但我不能去酒吧，因為有三位朋友會盯著我看，她們要我同意一個計畫，現在回想起來，我應該轉身就走，但是我當時卻已經準備同意了。

那時我剛上大一，在擁擠的學生宿舍住了幾週後，馬上被要求去找未來的室友，我們超過六百名學生擠在一棟充滿石棉建材的建築物裡，這棟建築物在我畢業那年被夷為平地。我很確信沒人會找我當室友，就算有人找我也只是出於同情，「總要有人和她住吧……你去吧……不是，是你。」

我當時極力渴望與任何一個願意收留我的人交朋友，完全不在乎其他事，我直接黏上了離我最近的一群女生，而不是花時間感受和誰比較有緣，或者加入某個社團，所以當這群住在我對面的女生們問我大二要不要一起住，我就算斷手斷腳也會答應她們。

事情發生時，我們四人坐在我凹凸不平、鋪著藍底白點床單的單人床上（就像去年夏天真人秀《老大哥》（Big Brother）家裡的那張床。）

「克萊兒，你明年要跟我們住嗎？」娜歐蜜用她甜美的嗓音說道。

我的心都快跳出來了。

「太好了」，里歐妮大聲說道，「我們可以一起出去玩、做很多事。」

我不太確定所謂『做很多事』是什麼意思，但我好想知道，畢竟終於輪到我加入閨密俱樂部了。

我看著房間牆上照片裡我家人的臉龐，還有依茲和瑪莉的笑靨，我覺得她們會很高興地得知我交新朋友了，也許與我更為相像，我開始覺得也許我終於長大，找到**和我相似的人**了。

當然，現實生活比想像複雜多了，許多女性都在大學時期遇到友誼問題，這已經不是什麼秘密了。她們第一次離開家裡，滿心期待要結交一輩子的親密好友，除了讓這件事成真以外，沒有其他責任，這種只許成功不許失敗的壓力注定讓某些人情緒崩潰。

我已經刻意不去想許多大二發生的事，但為了這本書再次挖出那些回憶的過程還是蠻難過的，有時候我必須面對自己那些不甚理想的行為，以及被迫理解我的前任朋友可能不會知道我在說她們，她們一定會對於我講的事有自己的見解。然而，藉由分享我的故事，我希望任何有過相同處境的人，能夠開始認出友誼中的有毒跡象，並且大步走出這段友誼，讓自己不會在未來心碎。

如果可以的話，我絕對不會加入這場二〇〇三年的寢室大騙局。

✿

計畫是這樣的：我們用抽籤決定新宿舍的床位。

我們有五個人，娜歐蜜指派自己為領導人，她漂亮、機智、很會自嘲，但自嘲的同時也一定會拖人下水，例如：「我的腳型好尖……但看看你的腳指有多長。」她從第一天就開始對我冷嘲熱諷：「你的眉毛好漂亮，儘管中間連在一起。」

里歐妮和帕比根本就是她的翻版，她們三個早已彼此熟識且擁有共同朋友，現在回想起來，這應該算是危險訊號，大學不是一個讓你試著融入女生小圈圈的地方，但對當時的我來說，這算是我女性友誼的顛峰。

我們同宿舍的另一個女生瑪莉亞也被抓來一起住，因為這棟宿舍好到很難讓人拒絕，畢竟，它就位於伯明罕學生宿舍區的正中心，內含一間帶有特大雙人床的主臥室、兩間舒適的中型房間，以及一間和兔籠一樣小的房間，只能勉強塞得下一張單人床，一樓還有另外一間房間，房裡的窗戶直接面向街道，附近炸物店的客人很喜歡朝著這面窗戶丟飲料罐。

這三個女生現在在酒吧裡盯著我看，想要確認她們沒人會淪落到住兔籠，她們提議我們先從一到四抽一個號碼，並選擇我們想要的房間（抽到一號的人可以先選房間），等瑪莉亞來到酒吧以後，我們再抽一次籤，但這次每張籤上都寫著五號，確保她會住進最小的房間，「我抽到一號！」優勝者會假裝驚訝地說道，並快速地將她的五號籤藏起來，但她其實早就已經確定入住最大的房間。

坐在酒吧裡高腳桌旁不穩的椅子上，我感覺好像正在進行世界上最糟的工作面試，我仔細評估了我可能的選項：（一）遵循這個邪惡計畫，什麼也不說，就此找到我的閨密；（二）告訴她們我不想參與這個計畫，然後被迫搬到新建的學生宿舍大樓獨居，所謂的「魯蛇專區」；（三）休學。

「誰先抽？」我問道，勉強擠出一個笑容。

我現在回想起來都感覺羞愧不已，但當時的我太想被別人接納，於是我從包包裡翻出一張收據，用眼線筆寫上號碼做籤，而不是出聲反對這件錯的事。

回想那天的過程，我一直問自己兩件事，第一：我們第五個室友到底做了什麼，需要這樣被對待？答案：我覺得那三個女生認為，她不會因為付錢租到這麼小的房間而感到生氣，這真的是一間小到幾乎不可能帶人回來睡的房間，她付出同樣的租金卻得不到相同的做愛權。

第二：她們是不是也騙了我？我從剛剛裝著雞尾酒的杯裡抽出四號，表示我得住進一樓大門旁邊那個很冷的房間，整晚都會有學生從大門進出的開關門聲，讓我不得不將萬用黏土當耳塞才能勉強入睡。

我完全有理由懷疑她們，因為娜歐蜜抽到一號，帕比和里歐妮抽到二號和三號，但當時我並不在意，只感覺自己好像是她們的一份子，心情非常興奮，原來這就是有姐妹淘的感覺，這就是掌握友誼的感覺。

這就是假朋友的特徵：她們不會一開始就表現出假朋友的樣子，她們會假裝慷慨（「我的新靴子可以借你穿」）和關心（「克萊兒，看電影時可以坐你旁邊嗎？」）讓你暈船，藉此讓你覺得你好像欠她們一樣，接著她們會開始暗中貶低你，但你幾乎不會發現，更糟的是，她們可能甚至不知道自己正在做這些事。

大學很容易遇到假朋友，因為你理應在這個時期遇見「你的小圈圈」，她們不是因為住附近而暫時成為你的朋友。大學不只是你學術生涯中的成長階段，你也會在這裡遇見家人般的朋友。然而，許多我認識的女性都會同意，她們第一次離開家在外面住時，都覺得交朋友很難，導致她們都做出一些不太好的選擇。我自己也是，在那個下著雨的星期五下午四點，在一間酒吧裡。

✿

珍．倫農表示，如果能早點學會面對這樣的經驗，對我們一生都很受用，這也是為什麼她在二〇一六年擔任溫布頓中學校長時，特別開設了有毒友誼相關的課程，她想告訴女孩們失望也是友誼的一部份，如果某個環節出錯，也不要責怪自己。「這是非常重要的，我們要告訴孩子人際關係的現實面，這樣他們才不會抱著不切實際的幻想。」她當時這樣解釋道。

「我不覺得這麼說太牽強，但是一段有毒友誼產生的影響可能相當於傳統思維裡的暴力。」珍在電話裡補充道。她列出一系列我們可以問自己的問題，用來評估一段友誼是否開始變質。

1. 見面時，你會感到焦慮嗎？如果要見一個很久沒見的朋友，你可能多少會感到緊張，但如果這很常發生的話，你就該問問自己為什麼。

2. 你們雙方有權力不對等嗎？你們見面的地方是不是都是你朋友選的，做的事也是她們想做的呢？

3. 她們都如何反應？如果你提出一些想做的事，朋友會無視你嗎？她們的反應會很極端嗎？會對你辱罵或隨意打發你嗎？

4. 第四點比較難界定，因為這種友誼其實很有趣，「握有權力的朋友可能很迷人。」珍說道，「所以就會發生某種情緒擺盪……你很享受，但某件事衝擊了你們的友誼，讓你覺得自己好像做錯什麼了。」

問題就在這裡，一段「有毒的友誼」並不總是有毒，還有能力不斷吸引你回到那段友誼，讓你幫糟糕的時刻找藉口，這也是「亦敵亦友」這個詞與存在的原因，讓你感到痛苦萬分的原因是五分鐘前你們好像還是閨密。

另外一個難聽的實話是：並不是每個人都和你一樣覺得那個朋友有毒。如同友誼教練夏絲塔．尼爾森所說，很多時候可能是你們的相處模式有毒，而不是朋友本身有毒。「我曾有過一段友誼，幾年前我可能都還認為那個朋友有毒，但其他人都很喜歡她，也都和她發展出很棒的關係。」她說道，「所以我認為不是她本身有毒，而是我們之間發展出的相處模式變得有毒，但這也不是說她或她的每段友誼都有毒。」

這會不會就是我前室友們的寫照呢？

寢室大騙局過後，娜歐蜜和我在當室友的第一年變得很熟，我們一起在她房間看《慾望城市》，寫作業時互相幫助，衣服交換穿，和來自同一個朋友圈的人交往，一切都非常完美。我表面上看起來很開心，事實上，我的腦子（**你們真的有共通點嗎？這真的是你嗎？**）和內心（**你終於交到女性朋友了，別搞砸！**）不斷衝突，當我們搬進新宿舍時，這個衝突幾乎要演變成戰爭了。

起初都是一些小事，娜歐蜜邀我一起去購物，接著卻又說她根本沒邀我或者車子沒空位。當我進到房間時，她們就停止說話，里歐妮把鹽漬鮪魚掉在我新買的名牌絨面革運動鞋，鞋子我刷了好幾天，但污漬還是洗不起來。從此以後，我都會將房間門鎖起來。

在我和這群女生同住的期間，這些小事不斷累積，最後快要把我淹沒了，我很害怕自己可能會說什麼或做什麼，讓她們永遠不再理我。

我當時體驗了人生第一次失眠，我一直都算很好入睡的，如果沒人吵我，我可以睡滿十小時，據說我拉下眼罩、開心睡著時，臉上還帶會著淺淺的微笑，這讓我身邊失眠的人或早起的人感到憤怒。學生時期，我可以在夜店的音響旁站著睡著，這件事讓我很出名；二十幾歲時，這種行為演變成參加別人家的派對時在廁所裡睡著，而且還不止一次，我常常在廁所睡著時遇到外面有人敲門，因為還有很多人在等著要上廁所，她們可能以為我發生什麼事了，等我走出廁所後，總會有好幾個人意味深長地對我眨眼。但此時我就像個僵屍一樣，就連常常留宿朋友家的瑪莉亞（抽到兔籠的那個室友）也開始注意到我的狀況，「你還好嗎？」她問道，自己臉上也帶著很深的黑眼圈。

精疲力盡又不開心的生活讓我總是將情緒發洩在當時的男朋友丹身上，我們那時候已經在一起一年，也見過彼此的家人，我還知道他過世寵物的名字，也知道他第一次打手槍時聽的歌。理論上，我們應該不適合：他是喜歡運動的理科男，我是主修英國文學的學生，我眼中的運動是去夜店跳舞，但我試著融入他的生活，我甚至和他一起去大學裡的滑雪營，試圖和一群擁有滑雪服的人打成一片（我過短的滑雪服還是借來的），我都戲稱他為「丹尼小子」和「男子漢丹尼」。

漸漸地，我開始變得很愛尋求關注，堅持要丹陪我從黑漆漆的校園走回家，儘管我的宿舍離學校只有幾條街的距離。我很渴望一些貼心的小舉動，我常常問他我看起來如何，藉此尋求慰藉，我不斷減少的自尊被他誤認為是虛榮，當我試著告訴他我的生活發生了什麼事，他總認為那是女生的小吵架，「你們不能好好當朋友嗎？」他說道，好像我這一整年都沒有努力過一樣。

他和我分手那天，我們坐在我的床上，炸物店的綠光透過我的窗戶照在他的臉上。

「我只是覺得我無法讓你快樂。」他說道，同時撥弄著我的手指頭，「我很抱歉。」他親了一下我的額頭便離開。

娜歐蜜非常生氣，因為她認為我破壞了我們之間關於男生的約定，她開始和我冷戰好幾天，其他的室友也是。我當時覺得她們很殘忍，她們似乎沒有意識到我可能也正因為分手而心碎，我開始蹺課，和班上同學剛建立的情誼也快速地消逝。

我還記得我感覺自己被恐慌緊緊掐住，大學本該是人生的黃金時期，但我的大學生活才剛過一半，我身旁卻沒有朋友和男朋友可以拿來炫耀。

壓倒我們友情的最後一根稻草出現時，我正忙著對付一個跟蹤狂，為了清楚地說這個故事，我們就姑且稱他為跟蹤狂吧。很長一段時間我都不太確定發生了什麼事，我室友那種隨便打發我的態度也沒能幫我多少。

跟蹤狂大我一屆，他是那種你晚上出去玩、喝了八杯紅牛伏特加後策略性催吐時會遇到的人，我對他也沒有其他的想法。和丹分手後的幾週剛好遇到假期，他傳訊息給我寫道：「我人在倫敦，正好想到你，要約見面嗎？」我當時在一間報社實習，工作十分忙碌，我回他道：「抱歉，我沒辦法，伯明罕再見。」我常常問自己當時是否就該跟他出去喝一杯，又或許我根本不該回覆訊息，到底怎麼做才不會招致太多不想要的後果呢？

我現在瞭解這完全是責怪被害者的模式，所以讓我們終結這個有毒的迷思：被跟蹤不是你的錯，這不能算是單相思。一個人因為聲稱喜歡你或愛你就一直跟著你，這種舉動不叫浪漫，叫騷擾。

回到學校之後，我開始覺得很緊張，跟蹤狂會一直傳訊息給我，在凌晨三點打電話給我，電話那頭還會傳來大聲的呼吸聲，他會傳訊息約我到某個城市邊緣奇怪的地方見面。我開始會習慣不斷回頭，上床前一定要檢查窗戶有沒有上鎖，但當我和室友說起這件事，她們好像認為這一切都是我為了獲得關注而編出來的故事，「他人這麼好」，她們總是這樣誇張地說道。每當我手機響起時，娜歐蜜總會低聲說道，「是你的跟蹤狂嗎？」好像我應該感到很榮幸一樣，「他只是太喜歡你了。」她們說道，接著在我背後交換眼神，她們讓我覺得好像一切都是我誤會了，我不必在每堂課下課時快速地看過每張臉，確保他沒有跟過來。

一切終於在某次考試前爆發了，當時我正焦慮地看著我房間的防護措施，娜歐蜜在我房間正上方大聲放著庸俗的流行音樂，此時，我已經常在新男友史蒂芬家裡過夜，雖然有點不方便，因為他住在城市的另一邊，但這樣我可以不用住在宿舍，也不用擔心跟蹤狂的臉會出現在我房間的窗戶上。

史蒂芬的室友和我的室友完全不一樣，他們慷慨、和善、風趣，即便這是那種中產階級般吵鬧的有趣，女生也能很輕易融入。玩瑪莉歐賽車玩到凌晨兩點，煮牛排時假裝自己正在參加廚神當道決賽，互相稱呼彼此為「sir」，唯一美中不足的是，沒有一個可以和我互相調侃的女性朋友在場。

隨著我不在宿舍的頻率越來越高，娜歐蜜開始將我不在家的事實解讀成刻意冷落，後來她完全不跟我說話，別的室友也是。當我某個週末回宿舍、走進客廳時，她從沙發上站起來離開客廳並說道：「抱歉，我不知道你還住這裡。」

也許我應該試著和室友坐下來好好聊聊，解釋我到底為什麼這麼長時間都不在家，但這個對我來說再明顯不過的事實，好像也很難向她們解釋，就算我當時知道怎麼說，我覺得她們也不會想聽我說話。女性友誼中很多事情到最後也就不說了，我的經歷就是一個很好的例子。這就是亞利桑納大學學者瓦立德・亞飛非（Walid A. Afifi）和蘿拉・格瑞羅（Laura K. Guerrero）一九九八年的研究中所提到的「避談話題」[16]，她們提到我們常常對朋友避談某些話題，大多是因為自我保護的關係。敞開心胸、展現脆弱的一面是一件有點困難的事，尤其當你說話的對象對你有許多質疑，你還能相信他們嗎？他們會拒絕或背叛你嗎？保持沉默和保護自己好像比較簡單一點，我們在生活中的某個時刻都會武裝自己，即便最後你發現，以長遠來看，避談某些小問題只會讓事情越來越複雜。

在我考試的前一晚，我像一隻驚恐的小動物躡手躡腳地爬上木板樓梯來到娜歐蜜的房間外敲門。

「娜歐蜜，你可以將音樂調小聲一點嗎？」我問道，盡量讓語氣聽起來很平和。

沒有回應。

「我正在試著修改……」

音量變得更大聲。

我的理智隨即斷線，夾雜著怒氣和羞愧的情緒，我大步下樓回到我的房間，使出我唯一的武器：變電箱，變電箱剛好在我的床正上方的櫃子裡，這是我發動核子武器的按鈕，我也不害怕使用這個武器。我將樓上電源的開關切掉後，音樂聲停止了，我感受到前所未有的滿足，我聽到娜歐蜜在樓上大聲跺腳，里歐妮抱怨她的作業還沒存檔，但我已經不在乎了。我打包了行李，坐上公車往我男友家去，一直到幾週後我爸來接我，我才又回到那棟宿舍，那時已經學期末了。

對我而言，這起事件好像就是在向我證明這個世界過去二十年來一直在告訴我的事：別相信任何女性朋友，她們只會讓你失望，她們會將你像昨天的髒內褲一樣甩開。我說服自己我就是比較男孩子氣的女生，我就是喜歡便宜亂煮的牛排和任天堂遊戲。

之後很長一段時間，我都不斷問自己相同的問題：她們是想羞辱我嗎？還是這都是我單方面的想法而已？難道她們是故意排擠我，藉此讓他們的感情更好？她們某些行為可能也是無心之過，但不可能全部都是無心之過。

我自己可能也要負一點責任，我讓自己活在那樣的狀況裡，想著別人就會讓我失望，我試著成為別人，我放棄了太多對自己情緒的控制權，如同我們試著融入或因為同儕壓力只能同意的情況，同樣的情形也會發生在愛情裡，誤以為把自己交給另外一個人，就能表達真心並贏得他們的愛。

在此之後，我和娜歐蜜、里歐妮、帕比的聯絡，僅止於關於帳單的簡短訊息，我終於鬆了一口氣，然後呢？我即將開始最後一年的大學生活，但身旁沒有任何一名女性朋友，還和兩名透過史蒂芬認識的男生住一起。

我為了分散注意力，也覺得沒什麼好失去的，所以就加入了大學校刊社。這裡聚集了各式各樣的人，從早到晚都待在學生工會大樓裡一間狹小、不通風的房間。副刊編輯艾蓮諾和貝拉宣布卸任要找替補人選時，我才剛開始寫作幾個禮拜而已，但我還是去應徵了。

艾蓮諾和貝拉是一對雙胞胎，兩人長得十分相像、一樣漂亮也非常高雅，她們總是穿著飄逸的長裙在學校裡出沒，頭上綁著絲絨髮圈，我被她們的氣場震懾到了，但不知道為什麼，她們認為我是最適合接替她們的人選。她們寄了一封很詳細的郵件給我，上面列出我的職責以及校刊社成員的八卦，「還有一件事」，她們寫道，「你的副手阿嘉莎，她人不錯，但可能和你不同掛，你們給人的感覺不太一樣。」

十六年後，阿嘉莎和我還是會笑著談這件事，我們開始合作的一週內，我就覺得我們會成為朋友。艾蓮諾和貝拉說得對：我們表面上看起來不一樣，我是來自南方的長直髮女性，喜歡吃肉乾；阿嘉莎是捲髮的伯明罕人，當我問起她最喜歡的食物，她的回答是「鷹嘴豆」，她總是會先想到別人，大學三年都有在捐血，我只會偶爾想過自己的事之後才想到別人，而且（到現在）還不知道我的血型。

阿嘉莎是非常喜歡社交的人，她非常善於和遍布全國各地的朋友保持聯繫，我只會假裝自己善於社交，但我其實最喜歡的還是晚上待在家裡，獨自泡個澡。阿嘉莎宿舍的浴缸很少人使用，所以阿嘉莎便同意讓我在她的浴缸裡打滾，我會到她宿舍大門口，腋下夾著小說和毛巾，她的室友都為此感到困惑，我會把自己鎖在她的浴室裡，點著來自 **IKEA** 的蠟燭。

最重要的是，我們有著相似的幽默感，我們喜歡相同的音樂和書籍，我們和父母都很親近，我們都遇過不好的室友。阿嘉莎和我一樣在大二遇到一個室友，不知道為什麼總是對她一直很冷淡。我大學畢業後多年，也常聽到許多女性告訴我，她們也遇過同樣的事情。

那些讓你產生疑惑的相處方式，不一定會馬上讓你看出某段有毒的友誼，對我而言，有毒的部分在於那些讓你覺得渺小的事或者朋友之間權力不對等。她們可能總在你吐露心事時批評你，或者總是表露出嫉妒的樣子，次數多到你開始不想分享任何好消息。她們也有可能佔有欲很強，當你花比較多時間和其他朋友相處，她們會裝出很受傷的樣子；她們也可能很喜歡說別人的八卦，很多女性告訴我就是因為這樣，她們才不信任自己的女性朋友，甚至不想和她們一起去旅行。

她們也可能太沉浸在自己的小劇場裡，以致於從來沒聽你說過心事。也許她們總是讓你覺得戰戰兢兢的，或者她們總是很負面；她們也可能是總是希望收買你，或者在你已經明確表示自己不喝酒卻還一直逼你喝酒，「來嘛！和我一起喝這瓶酒！」她們可能是從不會主動聯絡或計畫，把所有責任都推到你身上的朋友。她們也可能是只有自己需要時才會出現的朋友，需要一個能夠依靠哭泣的肩膀，或者想要有人在她們單身時一起出去玩。

你身邊一定也曾有過這樣的朋友，這樣的友誼不一定僅限於求學時期，這可能發生在每個人生命中的任何階段。有時候，延續多年的友誼可能是最糟糕的，所有負面的行為都被某種忠誠蒙蔽，你可能已經習慣了不舒服的感受。

《三十件我愛自己的事》（Thirty Things I Love About Myself）的作者拉德希卡．桑加尼（Radhika Sanghani）提出了一個檢視友誼是否健康的積分系統，當她和某人約見面時，她會問自己是否感到開心（加兩分）、還好（零分），或者很糟糕（扣兩分）。

「對我而言，這是一個評斷友誼或關係是否正面的方式，因為有時候你並沒有用心和朋友交流。」她說道，「但在朋友聚會完花點時間問自己：我覺得如何？她們的對話會消耗我的精力還是讓我精力充沛？如果答案是讓你精力充沛，那就太好了，我想要更多這種感覺。如果答案是消耗我的精力，而且一直有這樣的感受，那麼你就該想想，『這段友誼並沒有帶給我太多東西，我需要少見她們一點。』」

這種思考友誼的方式好像多了點算計，但我們許多人可能都曾這麼做過卻不自知，如果見完一個朋友讓你覺得充滿喜悅，無法停止微笑，渾身充滿能量，你自己也會知道的，你也感覺得到見完一個朋友回家後的精疲力盡，重要的是要花時間認識自己的這些感受，好好將它們歸類。

我們常在影視作品裡看到這些負面的相處模式，到頭來我們也免疫了，我不是第一個點出《慾望城市》裡的凱莉・布雷蕭（Carrie Bradshaw）有多糟糕的人，但這麼做我也很痛苦，因為我非常相信影視作品需要更多不完美的女性，少一點好女孩的刻板印象。展現自己個性中比較不討人喜歡的部分，或者那些出於愧疚感而做的事不是一件壞事，這也是為什麼《倫敦生活》（Fleabag）這類的電視劇這麼受歡迎的原因，因為它不避諱呈現女性朋友可能對彼此造成的傷害，也展現了天竺鼠咖啡廳的可愛。

我們需要談談這些角色不完美之處，但不要輕易相信眼前所見的就是女性友誼的完美範本，那些都是有毒的幻想。當莎曼珊・瓊斯（Samantha Jones）確定不會回歸《慾望城市》續集《慾望城市：華麗下半場》（And Just Like That），許多女性都鬆了一口氣，因為這「打破了朋友是一輩子的迷思」，也表示莎曼珊就像兩則新聞標題所稱，變成了「漸行漸遠的訊息朋友」，這顯示了我們很少談論女性友誼的崩解，以及女性友誼可以在轉瞬之間揭示其無法天長地久的特質。

我們已經比以往更重視有毒的愛情關係以及其造成的傷害，高壓控制已經在二〇一五年被定為非法行為，也就是親密關係或家庭關係中的辱罵行為最高可處五年的刑期，但友誼有毒與否其實很難定義。

當然，控制欲強的友誼與有毒的愛情關係不能完全相提並論，愛情中某些元素常常暗示著極高的代價以及真正的危險。

然而，這兩者其實有著極高的相似度，特別是那些對於不健康友誼的警告信號。娜塔莎・德文（Natasha Devon）是難民庇護所的義工，同時也著有《有毒的友誼》（Toxic）一書，這本小說講述一段令人煩惱的女性友誼，德文在泰晤士報教育副刊（Times Educational Supplement）列出了一份友誼該注意的事項清單，她很慷慨地允許我在這裡引用：

◆ 友誼常常會在你脆弱時產生，也許是一段親密的友誼剛結束，或者是你遭到霸凌，又或者是家裡出了一點問題，新朋友在此時剛好出現，讓你在信心低落時還能感覺自己很特別。

◆ 你的朋友會很享受這樣的模式（自己身為拯救者），並希望你繼續脆弱下去。當你諸事不順時，她們會花很多時間安慰你，但當你的生活出現轉機，她們就會不見或者給予一個稍嫌冷淡的反應。

◆ 你的朋友在過去有許多段緊張的友誼關係，並都以很戲劇化的方式收場，她們告訴你的故事都會精心挑選過，讓你覺得一定不是她們的錯。

◆ 如果你的朋友對你生氣，她們會很樂於以冷戰處罰你，或者不像以往一樣頻繁地傳訊息，讓你整天都在想自己哪裡做錯。

◆ 當她們說出她們認為你哪裡做錯，通常都會是一些你不可能知道的事，例如：你不小心提到她們沒說過的過去而激怒她們，你會開始覺得自己必須小心翼翼地和她們相處。

◆ 一開始，友情都會十分緊密，你的朋友通常都有自己的問題（沒關係，我們都有），但她們可能會拒絕尋求協助或處理自己的問題，而不是向你吐露心事，要求你保密或給予她們一點特殊待遇。她們可能會表現得十分迷人，說很多把自己包裝成英雄的故事，你會相信她們的自我包裝，相信她們很特別，自己則沒有那麼特別。

◆ 有毒的友誼很少是單方面的錯，你也會做出一些你不太自豪的舉動，因為你會因為別人的行為而感到困惑和生氣。每當你想和她們直話直說或者離開這段友誼，你會記得你自己也有錯，並且擔心她們會列出許多你很糟糕的理由。

◆ 最重要的是，你的朋友可能讀了前方所述的一切，卻完全不覺得自己符合這些敘述。

◆ 如果出現了非常多上述的狀況，並不一定代表這個「罪人」是個糟糕的人，只是她們和她們的「受害者」之間的相處模式不會為雙方帶來任何正面的影響，對她們最健康的相處方式是保持距離。

最後這兩點很重要，這不是善惡對立的故事，沒有所謂的「好女孩」和「壞女孩」，事情沒有那麼簡單，我不是被誤會的女主角，我的大學室友也不是邪惡的壞蛋。如同娜塔莎說的，她們很有可能讀著這個章節，卻認不出她們做過的事，她們可能永遠不會知道我真正的感受，只因為我開始瞭解我們的相處模式有毒，不代表她們就會瞭解，畢竟，你很難意識到自己在友誼裡做出的負面舉動，意識到實話實說可能會被別人認為是批評，你主動提出的「好建議」可能會讓人覺得你在指手畫腳；想要把所有空閒時間都花在朋友身上，可能會讓人感到窒息、被控制或被孤立。

我們都身處相同的女性友誼光譜，人生不同的階段也會讓我們落在光譜的不同區段上，想想你希望從朋友身上看到的那些基本特質：可以讓你無話不說、可以向她尋求支持、可以很享受她的陪伴，但這個友誼的基底常常因為生活中的改變而受到打擊，你需要從朋友身上得到的元素也可能會跟著改變。如果一方需要的關注比另一方多，可能就會讓你的友誼變得不平衡，不要讓你一時的需求對朋友造成負面影響。

正是因為這種不平衡的友誼，讓我心存感激地抽出雞尾酒杯裡的籤，因為在那個當下，我只希望能夠被接納；這也是為什麼我在那刻會伸手關掉總電源，因為在那一刻，我知道我的任何友誼需求都沒被滿足；這也是為什麼我去參加阿嘉莎宿舍的宴會時，大家都盛裝打扮，只有我打扮成一隻鋁箔紙剪刀，儘管我才認識她幾週，但我知道我已經找到一位好友，我很享受她的陪伴也很欣賞她的好笑舉動。

儘管聽起來我好像已經放過娜歐蜜了，但她和我都不是故事裡的壞人，大學對她而言也算是在學習交友，這也對她帶來不少壓力。我現在懂了，即便她當時不懂，我相信她後來也會理解。大概是在我們大學畢業後兩年，我收到我們共同好友傳來的訊息：

「克萊兒，娜歐蜜希望我能替她傳話給你，希望你不介意。對於你們最後的決裂，她很過意不去，她希望你能考慮和她重新做朋友，決定權在你。」

決定權在我，現在我是握有權力的人，然而，權力越大，我對自己的責任就越大，所以我把訊息刪掉了。

經歷過有毒的朋友相處模式，你更應該知道：最終，你還是得先想到自己，也許這表示事有蹊蹺時，你必須相信直覺；也許這表示你應該試著溝通，但這更有可能表示你應該告訴他們這段友誼對你無益，深呼吸後轉身走開。

這並不容易，你可能會感覺羞愧、愧疚、困惑、後悔和孤單，你可能會想念你的朋友，如同我們所知的，每段有毒的友誼也有其快樂之處，但一段時間之後，你便會發現沒有她們的生活感覺更好，也會發現她們不是對的朋友，或者她們不是適合你的朋友。

此時，你必須原諒自己，聽起來十分老生常談，但卻是千真萬確。你只是個人，人都會犯錯，這也是為什麼我花這麼多時間，將「我哪裡做錯？」這個問題轉化成「好，我做錯了幾件事，我努力過頭，但我總是因為別人而覺得自己很可憐。」對我而言，原諒自己可以是做一些自己很享受的事，例如：自己一個人去看電影，這麼小的行動卻可以幫助你拿回自己的主導權、重新開始，你也可以一頭栽入校刊社這類新的、正面的社交環境，儘管你一開始可能會感到很害怕。

你無法改變其他人，但你可以改變對待自己的方式，雖然不容易，但這是能幫助你放下過去的方式，只要你不再緊抓著行不通的事物，你便能開始接受行得通的事物。

職場朋友

迷思：和同事交朋友不是明智之舉

一切都是從一封電子郵件開始的。

「很抱歉整天都在講我的男朋友，你一定覺得我很不顧別人的感受，希望你沒事。」

那天是二〇〇六年的情人節，我好像被同事從頭上澆了一桶冷水，一個我很欣賞並認為可能有機會成為好友的人，但我現在知道她只是在可憐我，真棒。

這樣說吧：職場上的友誼有點微妙，基本上就是別人付錢請你與一群人互動，你甚至沒打算比家人和朋友更常見到他們，就像在學校操場一樣，你在辦公室裡有一定數量的同事可以挑選，但要決定從哪裡開始挑選還是挺困難的（如果你是自由工作者或自雇者又更複雜。）

很多人都不太知道如何和變成朋友的同事維持職場上的互動，他可能不再只是一起走去用咖啡機的人，你們可以互相依賴、信任，就和其他的友誼一樣，但是這個人可能也會和你角逐同一個升職機會，或者和你在同一個計畫裡提案競爭。

話雖如此，《職場友誼》（The Business of Friendship）一書的作者夏絲塔・尼爾森（Shasta Nelson）卻表示：「並不是所有人都很確定自己應該在職場上交朋友，但當我們真的這麼做時，我們都變得更開心。」因為我們成年以後的人生有四分之三的時間都花在工作上，工作和生活的界線也越來越模糊，如果能找到相處起來還不錯的人，不會在晚上十一點還寄一大堆被動攻擊式的電子郵件給你（只是想讓這封信出現在你信箱的最上方），那對你也會有所幫助。如果有人能夠懂你工作上或產業裡的壓力，瞭解你的壞老闆和他們糟糕的態度，還能聽你訴苦、陪你計畫、與你一起慶祝，也算是為你帶來好處，他們可以讓你稍稍感覺不像在工作，但職場朋友能帶來的好處，遠超過陪我們度過漫長的工作日，他們真的可以讓我們感覺比較不孤單，工作更有效率，整體來說更加開心。

湯姆・雷斯（Tom Rath）在《人生一定要有的八個朋友》（Vital Friends）一書中表示，相較於完全沒有職場朋友的人，至少擁有三個職場朋友的人有百分之九十六的機率會說自己「極度滿意」現在的生活，這對我們的心理健康也會產生正面的影響。根據英國求職網站求才通（Milkround）於二〇一九年的調查[17]顯示，近半數的人將「實際上和精神上的支持」評為職場友誼最棒的部分（我很希望掩飾這份研究的某項發現，我們千禧世代顯然將老闆都視為「職場父母」，我曾跟過幾個很棒的上司，但他們和我爸媽不一樣，他們不會一直打電話問我怎麼複製貼上，或者要我的伴侶去幫他們修印表機。）

許多證據都顯示：職場友誼應該像其他友誼一樣受到重視，如果我們五分之一的人認為自己會和某位同事上床[18]（或者像我一樣和同事結婚），那麼和同事建立友誼應該就不是一件難以理解的事吧？

當然也有例外，根據求職網站工作通（Totaljobs）二〇一八年的調查發現，六成的人認為職場生活比私人生活更加孤單[19]。年輕人常常因為社交焦慮和缺錢社交，導致他們認為在職場上交朋友特別困難，幾乎半數的人都曾因為在職場感到孤單而請病假，三分之一的人因為覺得在職場上沒朋友所以辭職。高額學生貸款和高租金低薪的現象，讓大家都剩沒多少錢能和同事交朋友，這也不算太令人驚訝的事實吧？溝通方式逐漸數位化，更別提接案或創業讓這一切變得更困難：星期四和同事或工作上認識的人出去喝酒，這種互動和視訊遠端連線感覺就是不一樣。

現在應該是建立職場友誼的最佳時機，而且有機會能做到。夏絲塔．尼爾森提供了三點法則幫助我們，如果你願意的話，可以將其視為友誼的金三角。她點出幾個從交朋友初期就很重要的因素，這些因素能幫助你們順利發展出成熟的友誼。

1. 正面影響：讓你感覺良好並感受到支持的友誼。
2. 持續性：花時間認識彼此。
3. 脆弱：展現你真正的樣子。

這三點適用於各種友誼，但對職場友誼來說更為重要，夏絲塔這麼說道。「我們不太可能從一群人當中，挑選出一個人來當職場朋友，我們選擇他們也不是因為他們可能比其他人都還要好」，她說道，「我們選擇他們是因為我們常常見到他們，別人付錢讓我們與他們相處，這其中變產生了持續性，我們接著就和這些常見到的人產生感情，我們感覺與他們漸漸熟識，他們也讓我們感覺良好。」

記得堪薩斯大學的研究嗎[20]？我們需要五十個小時才能將點頭之交變成普通朋友，九十個小時才能變成有意義的朋友，超過兩百個小時才能變成親密好友。我們本來就需要花時間和同事相處，所以許多人最後能和同事發展出長久的友誼也不奇怪，雖然我以前根本不相信這樣的可能性。

大學畢業後，我回到倫敦開始了第一份工作，我在一間拍賣行的公關部門擔任實習生，如果引用《BJ 單身日記》裡面的角色說過的話，我就是每天「浪費時間在寫新聞稿」，但是工作之餘，我也會在臉書上偷看前男友和他新女友的照片，他在大學畢業後用一通電話甩了我。我當時十分焦躁不安，傳了無數則訊息給阿嘉莎，讓她知道我才剛在座位上哭過，或者我「今天哭到眼睛水腫」，我的臉至少有六個月看起來很像屹耳[21]，因為我收到同事道歉郵件的那個情人節，剛好是我們分手六個月的日子，雖然同事立意良善，但我還是覺得非常丟臉。

難怪阿嘉莎叫我不要再愁眉苦臉了，她是對的，我當時二十二歲，不用負擔房租（回老家住），還擁有一份穩定的工作，我唯一要擔心的是，我在上班第一天把護貝膠膜放錯邊，所以弄壞了價值五百英鎊的護貝機，但我從來沒有承認，我到底還有什麼好自怨自艾的？

我還是無法擺脫我做什麼事都是錯的感覺，然而，此時的我應該要感覺一切都是全新的開始：剛畢業開始自己賺錢的喜悅，必須思考一些大人的事，例如：升級你的銀行學生帳戶之類的。我過著悲傷的單身生活，離我的女性朋友非常遠，她們都在為自己的生活努力，依茲和瑪莉繼續向上攻讀學位，阿嘉莎決定留在伯明罕的學生宿舍，這也意味著每個禮拜五晚上我都是在長途巴士上度過。工作一個禮拜後，我多想把自己丟給卡通裡戴著黃帽、臉色紅潤的車掌先生，讓他帶我快速穿越時空回到大三，回到我最熟悉、最舒服的宿舍和浴缸，回到酒吧裡我們已經坐到發熱的座位上，回到我還不覺得自己沒朋友的時光。

但是每逢上班日，當我睡在小時候的房間裡，我總是會感到迷惘和孤單，我會睜著眼睛躺在床上，試圖弄清楚我怎麼又回到了原點，怎麼經過了二十年的嘗試，我的女性朋友還是這麼少，先不論她們現在還是不是我朋友，因為她們都已經在不同城市展開不一樣的生活了。

「只要我們一覺得自己不被喜歡或感到不安全，大腦便會立刻開始尋找佐證的材料。」夏絲塔・尼爾森說道，「此刻的你會覺得所有事都在針對你，想像最壞的情況，覺得被冷落。然而，如果你能相信自己很有價值、是天選之人，你的眼睛和大腦也會開始尋找支持這個想法的證據。」

童年的玩偶收藏將我包圍，髒兮兮的愛心小熊以及頭髮亂成一團的魔髮精靈都沒有幫助我的眼睛和大腦尋找正面素材，反而是將糟糕的事都聚集在一起。我的大腦如同飛機噴出的氣流一般，帶著我回溯到第一次在學校遇到絕交的時刻，我就像是坐在控制室但不知道怎麼開飛機的飛行員，我的友誼黑盒子在友誼崩解時記錄下了什麼呢？

我決定選擇一條我最不會失望的路，重新變回大學時期的那種男孩子氣的女孩，融合各種刻板印象、最典型的「酷女孩」，喜歡足球和黃色笑話，愛打電動、喝廉價啤酒、狂吃速食。在我看來，這是我為自己想出的計謀，保護我的心不再受女性友誼的不確定性所傷害，我想要成為女性不會接觸的女生，因為我就像個男孩子一樣，我的心被我無禮、冷漠的態度保護，你們想冷落我或用肩膀把我撞開，**我、都、不在乎**。

那段時間內，我花了很多個晚上和無數個男性點頭之交一起看頂級跑車秀（Top Gear），我知道自己並不快樂，但在情人節收到那封電子郵件以前，我完全不知道該怎麼辦，這封郵件雖然看起來不太重要，但對我來說卻是**一記警鐘**。我已經不開心一陣子了，我將心力都放在工作上，以致於都沒有結交任何朋友，我甚至無意間將許多人推開，給人一種很難親近的印象。

我應該開始想想自己要什麼，而不是任由生活發展；我應該試著再度相信別人，如果我憂愁的臉沒有毀掉我的機會，我一定可以建立許多有意義的友誼，職場似乎是一個最好開始的地方，更精確的來說是公司餐廳。

我知道你們在想什麼：拍賣行的午餐一定就是攝政風格，藝術界的上流人士都聚集在此，在開始享用三道菜的饗宴之前，先去交誼廳裡稍作等待，菜色可能包括將一隻鳥塞入另一隻鳥再塞入一隻小豬裡這樣繁複的料理。事實上，我們只是坐在餐廳裡聞著魚的腥味，大眼瞪小眼地露出嫌惡的表情（因為魚腥味）。餐廳是也是處理當天重要事項的地方，也就是不斷叨念著前一天晚上的活動，對於一個想交新朋友的二十二歲新人來說，拍賣行帶來的最大助益是：熱衷喝酒的公司文化。每週一至週五，總會有一群同事在公司隔壁的酒吧喝酒，所有人都可以加入，所以我就加入他們了，在酒精的催化下，一切也開始改變了。

我們很重視酒吧的歡樂時刻，我們會穿著時尚洋裝離開辦公室，像一群飢渴的牛羚跨越乾旱的沙漠，朝著酒吧直奔而去，喝著一杯又一杯皇家基爾直到沒錢為止，或者喝到比我們年長的同事出現，開啟新一輪的帳單。我們彼此擁抱，我們在國王路上的一五一酒吧，像個時尚商店裡的假人一樣喝醉跳舞，我們在切爾西吃土耳其烤肉，在倫敦各處的夜間巴士和火車上睡著，我有次醒來還發現自己在沃金。

我的這群酒友幾乎都是女性，克蘿伊和我都在媒體室工作，依芙在海報部門，喬安娜在裝飾藝術部門，亞曼達在現代藝術部門。我不知道她們大多數人現在去了哪裡、成家了沒，或者其實她們住在世界的另一頭，除了其中一人以外，她請我當她女兒的教母，這件事後面會再提到。此刻，我們正忙著認識彼此，在酒吧外面抽著煙、冷到發抖，以我們男性同事為對象，玩著「做愛、結婚、殺死」的真心話大冒險。

也許還真的差點找他們做愛或結婚，條件不錯的男性不是數量太少，就是頭髮太少，如果他們成功說服一名女性回到自己位於肯辛頓的公寓後，便會問道：「你會非常介意我解開你的胸罩嗎？」隔天早上還用高級茶壺倒茶給你喝，每個人好像都是皇親國戚或貴族一樣。如果你和他們其中一位接吻，自此之後，你可能會花很多時間坐在你的位置上，幻想著自己嫁給有錢地主，即便你不喜歡他們，也不想當情婦，而且一回家就花十分鐘狂刷牙。

每個擁吻、每則調情簡訊或意外掉在老闆床邊的接髮都讓我們這群女性同事更靠近彼此，我很直接地學習到如何分享秘密（不全是關於男性的秘密）、承認恐懼、大笑以及相互支持，然後工作時再假裝我們最在乎的是十九世紀的陶器。

✿

潘朵拉．塞克斯知道如何結合工作和友誼，她與多莉．阿德頓共同主持熱門播客節目《高高低低》（The High Low），兩人的好交情為她們帶來一群死忠粉絲，粉絲會在社群媒體上大肆使用＃模範友誼的標籤，甚至有一名女性承認她將閨密在自己手機上的名稱改成潘朵拉和多莉。女孩們，冷靜點。

潘朵拉和多莉是透過工作認識的，潘朵拉贊助多莉發表文章在一個現在已經不在的女性主義網站上，「我們後來被安排參加一個朋友的聚會」，潘朵拉解釋道，「我們在那裡聊了五個小時，我馬上就知道我交了一個很棒的朋友。」

潘朵拉認為，她們可以同時是朋友和事業夥伴的成功關鍵在於，兩人之間產生的火花和互相讓步，「我們的個性其實不太一樣：我做事比較積極、講求效率，多莉就比較散漫，但我們對有趣的事物、感動的事物、對人對事的價值觀都十分雷同，這當然使我們工作起來比較容易。」

潘朵拉告訴我，她們從來不計較誰做的比較多，就是平分工作與責任。

「如果我剛好因為小孩或其他事忙不過來，她就會幫我頂替一週，我之後再幫她補一週的工作量，我們的友誼裡沒有太多算計，我覺得這很難得。」她說道，「儘管如此，我們也得花時間經營友誼，所以我們說好不在晚餐時間談論《高高低低》的事，這對我們來說並不是件難事。」

在社群網站上，她們稱呼彼此為「工作上的老婆」，當然，這個詞語是由男人所創，試圖說服自己有兩個女人都想要他。

「我一定會稱我們之間的友誼為愛情，事實上，這是我人生中最值得稱頌的愛情之一。」潘朵拉說道，「雖然這件事也可以讓我感到無奈，因為有些人就是會對我的友情心存懷疑。我記得我某次受訪時被問道：『大家都問我，你們到底是不是朋友？』

我心想，如果我們不是的話，應該看得出來吧，我太誠實和坦率了，還不至於偏激到為了一個播客節目而捏造一段友誼。」

當我們看到兩名女性在事業和友情上都獲得成功，我們第一個反應竟然是質疑她們是否暗地裡討厭彼此，這樣的心態多可悲啊！這完全又落入了永遠的好朋友或刻薄女孩的圈套裡，我們最喜歡為女性友誼套上這樣的形象。如同潘朵拉的解釋，分享彼此的價值觀、界線、幽默感和情感觸發點其實能讓女性友誼變得更緊密，隨著時間過去，這些共通點是讓你們從同事變成朋友的關鍵，這是你希望能和任何新朋友產生連結的部分，在職場友誼裡也是一樣。近水樓台這件事本身還不夠，當你找到彼此的共通點，並將友誼奠基於相互支持之上，才能發展出真正的友誼。職場不是另外一個國家，而是我們生活中的一部份：我們在這裡感受成功、失敗、失望、喜悅，找到一個可以讓你的工作或私人生活都變得更好的人，這是你該追求的目標。

當然，這不表示你們之間不會有良性競爭，我很討厭女性勾心鬥角，這件事發生在我第一份報社工作。身為公司裡眾多二十幾歲女性職員之一，公司的氛圍讓我們感覺，好像我們之中只有一人能夠往上爬，我們似乎也默默地被鼓勵互相競爭。然而，只因為女性常被放在競爭的位置上，不代表我們就一定要互相競爭。

五十七歲的珍．加維（Jane Garvey）就有這樣的經歷，她發現自己當時正和菲．

格洛弗（Fi Glover）相互競爭好多年，雖然格洛弗後來和她一起主持播客節目《幸運的是》（Fortunately），但這件事讓她們的友誼發展晚了好多年。

「我們是競爭同一個職位的女性廣播主持人，說真的，我從來不覺得我們感情有多好。」她說道，「我們都是有一定年紀的女性，我們都是白人又差不多高，我們都是深色頭髮，擁有相同的幽默感，而且公司裡真的很多的人都會把我們認錯。雖然我們聽過彼此，又在同一間公司工作，但這個播客節目是我們第一次合作。我們現在感情好太多了，上禮拜才一起吃午餐，還合寫了一本書。」

競爭是女性友誼裡幾個最深層的禁忌，別告訴我你從來沒感受過，當你朋友說她找到新工作或獲得升遷，你多少都會感到一絲嫉妒吧。如果你在工作的這幾年裡，交了許多職場朋友，應該會更容易感受這樣的情緒，因為你們可能在同一個產業裡有著相同的目標和野心。當你很為朋友開心時，也可能同時反映出你失去的東西。

這會讓你失眠好幾晚，但你又很難說出你的感受，因為怕被人誤解，好像你不希望朋友成功一樣，我當然希望朋友有好的發展，別人的成功並不需要犧牲你，這不是只能二選一的問題。然而，如果要我老實說，看著朋友的成功，我心中還真的會激起一點嫉妒之火，我在為她們開心的同時，也在嫉妒著她們，我不認為這兩種感受能夠完全分開，我也不覺得這件事在我們生活裡被談論得夠多。（當然，如果你很快樂地看著朋友失敗，有另外一個比幸災樂禍還糟的字可以形容你。）

和成功人士交朋友會逼著你面對自己：一件我們都不喜歡做的事，「當你看著朋友成功而自己卻感覺十分失敗，這種感覺很痛苦的。」一位朋友曾經這樣告訴我，「你為她們感到驕傲，也沒有因此少愛她們一點，但你同時也感覺到痛苦，特別是你很容易被你欣賞的人所吸引，我們很多人都是這樣。」

著有《職場浮生錄》（Careering）的三十七歲記者黛西・布坎南（Daisy Buchanan）為《紅秀》（Grazia）雜誌寫了一篇文章，內容提及了嫉妒朋友成功這件事，「我們工作的產業非常接近，所以我常常陷入競爭比較與失落的心情裡，我不恨她，我也沒有對她生氣，但我過去好幾年都沉溺於自己不是她的羞愧感中。」這是多麼令人耳目一新、誠實的自白，揭露了女性友誼中不為人知的那一面，看到朋友工作上的成功不僅會讓你痛苦，也會讓你把朋友當女英雄般崇拜，因為你會想成為她們，做她們現在在做的事。

「這真的很難受，因為感覺我們是一起從基層做起的」，黛西這樣告訴我，「我們以前都還在通訊軟體上抱怨報帳都沒有撥款，但突然間，你的朋友不用再面對這些困境。」

黛西接著說道，理解背後真正發生了什麼事可能會有幫助，某人的事業表現看似令人稱羨，事實上卻常常沒那麼簡單，她們也會遇到卡關的時候。如果越多朋友能夠打開天窗說亮話，揭開生活的真面目，讓朋友能在你卡關時安慰你，在你順遂時與你一起慶祝，就和以前一樣。

「很多時候你都不知道事情的全貌」，黛西解釋道，「你看到的只是某個人光鮮亮麗的一面，也因此感覺自己不夠好，有時候你「看起來好像比較成功」，此時，你必須告訴朋友其中發生了什麼事，即使如此嫉妒心等……還是會存在，但她們會知道一切並不都是那麼完美。」

黛西說道，最難接受的事之一可能會是，你朋友並沒有試著安慰你，但你過去都有想辦法鼓勵她們，「當我獲得些許成功，我的朋友卻沒有任何反應或肯定我的成功，我會感覺很受傷。我就會覺得『隨便你們』」。她承認道，「但或許這對她們來說很困難，就像我有時也覺得很難接受一樣。」

雖然一點點嫉妒心不一定會演變成嫉妒之火，進而糟蹋了你的友誼，但如果情況變得更嚴重怎麼辦？工作通二〇一八年的調查也發現，每十人之中就有六人有「職場敵人」。美國前任國務卿瑪德琳．歐布萊特（Madeleine Albright）說過：「地獄裡有個區塊，專門對付不幫助其他女性的女性。」但她沒說的是，某些女性寧願下地獄，也不願意幫助她們的敵人。

我不想助長錯誤的說法，好像職場女性彼此之間都勾心鬥角、互看不順眼，好像女性都是踩著別人往上爬的雙面人，這是長久以來在男性主導的勞動力市場裡創造出的刻板印象，目的就是要避免女性出頭。當然，我不是說這種情形沒發生過，但從以前女性被逼著為敵到現在，我們的觀念已經進步很多了。總體來說，近年來，我們應該比較樂見彼此合作，而不是相互競爭。

然而，我相信我們總會在人生某個時刻遇到職場死敵，某個我們暗自比較的人，即便我們都選擇不說出來，但她的成功會讓我們花很多時間思考自己的不足。當我們專注在自己衝刺事業時，不要浪費時間和精力想像自己的人生應該像別人一樣，沒有什麼事情比這麼做更令人後悔，因為在現實生活中，你完全不知道她們做了什麼選擇，也不確定她們做的那些選擇是否適合你。

雖然這些在你心中激起強烈情緒的人還是值得關注，但別再花時間關心她們了，回頭好好關心你自己吧，問問自己她們帶來的感受和你的決定、目標有什麼關係，問問自己你們是否有機會互相幫忙。

二十九歲的荷莉和她的工作死敵變成朋友。

「幾年前，我應徵了一份工作，我當時是進入決選的最後兩人之一，並且被告知另一個人比我更有經驗。」她說道，「幾個月後，我接到一通電話告訴我，同一個職位現在有開缺。要在一個別人認定比我好的人身邊工作，我很緊張，我意識到我們會很容易被拿來比較，我記得我認為她非常成熟，而且她的人脈好像很廣，我當時覺得自己就像一個初出茅廬的小大人。」

出乎意料的是，荷莉的同事約她某個週末出來見面。

「我們最後去了斯皮塔佛德市集（Spitalfields Market），我看見了一件喜歡的洋裝，但是那裡沒有更衣間，所以我就躲在她後面試穿起來了，她有點驚訝地說道：『我想這表示我們是朋友了。』在她面前脫衣服這件事之後好像變成我們之間的習慣。一年多後，我因為裸上身做日光浴，導致皮膚嚴重灼傷。某天晚上，辦公室只剩下我們兩個人，所以我解開內衣讓她看我灼傷的地方，她建議我去看醫生，結果確認是二度灼傷。幾年後我結婚時也是找她當伴娘，由她幫我穿上婚紗也是非常合情合理的。」

如果你能和你生命中每個成功、聰明、善良的女性當朋友，而不是將她們視為對手，這麼做對我們所有人都是有益的，《女性時刻》（Woman's Hour）的主持人艾瑪．巴奈特（Emma Barnett）完全是最好的證明。

「我很喜歡幫助別人交朋友」，她說道，「事實上，如果你還算幸運或剛好很擅長某些事物，我認為某種程度上，幫助別人應該算你的責任。因為我剛進到這個產業時，完全不認識任何一個人，透過別人牽線，我認識了許多非常優質的女性，並和她們持續保持聯絡。」

艾瑪甚至在工作場合遇到一名她暱稱為「受孕仙子」的女性，她們建立了獨一無二的友誼，「我只敢在她面前暢談體外人工受孕，因為她當時完全不認識我。」她解釋道，「她在我手機裡的名稱就是『受孕仙子』，因為我根本不知道她叫什麼，但當時我在體外人工受孕的過程中，她都會傳訊息鼓勵我。」

我很樂見人們不經意地在工作場合裡，認識一個你甚至不知道名字的女性，但這名女性卻在你生命中某個階段扮演了很重要的角色，一段期間限定的友誼，但卻不會因此失去意義。

或許有些友誼可以維持得更長久，艾蜜莉．麥米坎告訴我，她自己完全就是工作和生活混在一起的人，她和安娜貝爾．瑞夫金（Annabel Rivkin）在二〇一六年創立「輕年人」（The Midult）這個網站，就是為了要破除人們對於女性生活的完美幻想。她們兩人大約是二十年前在辦公室認識，後來就變成職場好友、一起創業，一起寫書和專欄文章，一起錄製播客節目，當我和艾蜜莉談話時，她們才剛一起度假回來。

「安娜貝爾和我在職場上愛上彼此，當時我們兩個的生活都極度混亂，正面臨父親去世、成癮症狀以及艱困的工作環境。」艾蜜莉說道，「我們對彼此毫無隱瞞，我認為這是我們的友誼如此成功的原因之一。我們的關係有一個很重要的轉捩點，發生在我酒精成癮的那段日子裡，那時我和某人吵架了，然後我對安娜貝爾說：『天啊，我不知道該怎麼辦，我狀況好糟。』她看著我說道，『如果你不幫你自己，我也無法幫你。』」

「當時我的心受到重擊，因為我知道她在說什麼，她也知道她在說什麼，她向我拋出了救生索，但這對我來說是很難的一課。我們可以這麼直接地說出自己的感受，表示我們之間沒有太多不必要的尷尬，因為我們都已經坦誠相見了。」

這種實話實說的程度在職場上說比做還要容易，雖然我有注意到我的職場朋友或我在工作上遇到的女性，比較能夠暢談心理治療、自己飽受焦慮所苦的事，特別是在疫情爆發之後。艾蜜莉也經歷過這種狀況，她二〇一三年因為心理疾病在公司廁所崩潰。

「很長一段時間，我都沒告訴任何人我的狀況，直到狀況變得非常糟之後，我開始幻聽，也開始有恐慌症。」她說道，「所以我選擇告訴我當時最好的職場朋友，她同時也是我的上司。她馬上就說：『去做所有能你感覺好一點的事。』很多人都對我拋出救生索，但這一切都要等你說出痛苦後才會發生，我們都忘記這件事了。只要人們開始談論自己的脆弱，你會很驚訝有多少人願意伸出援手，但你必須願意說出來，只要你願意坦承你的脆弱，女性就會互相支持。」

如果你和職場朋友達到這種程度，你們就已經建立了一個強大的支持系統，讓你們可以互相依靠並坦誠相待，失去的時候也會感到十分可惜。如果一個親近的同事換工作，你便會感覺自己好像失去一隻手臂或一條腿，好像你身體很重要的一部份不見了，即便你知道你們的友誼還是會延續下去，但你們卻已經不能每天在公司見面，這件事可能會在你心裡留下一個大洞。萬一你們的友情受到更嚴重的打擊，造成的影響就會更加劇烈。

工黨國會議員潔絲．菲利普斯（Jess Phillips）和她的前同事喬．柯克斯（Jo Cox）就有著這樣相互支持的關係，然而，二〇一六年六月十六日，柯克斯在里茲附近的伯斯托爾做選民服務時遭到刺殺。

「她和我的出身背景相似，我們在同一天當選國會議員，我們的小孩都還小，她覺得她是一個糟糕的媽媽，也是一個糟糕的國會議員。」潔絲說道，「我不用對喬說太多，我知道她一定會懂我，她瞭解我們分身乏術的感受，找不到進入體制的門路，一直搞砸工作的事，不懂自己的天命究竟在哪裡，這些共同的感受讓我和她的友誼進展快速。」

潔絲告訴我，喬過世前一天，她正準備和她的閨密去度假。她在前往機場的路上順道到喬家裡坐坐，也就是說潔絲得知她朋友遭到殺害時，她人在西班牙的別墅裡。

「我一時之間說不出話，我的閨密幫我把晚餐送進房間，但我一句話也說不出來。」潔絲說道，「老實說，我當時完全不願意相信，雖然我內心知道她已經過世了，但是光等各種報告就等了一整天，所以我試著說服自己一定是有人弄錯了，我心想：『不可能十四個小時前才見過這個人，還告訴她我愛她，給了她一個擁抱，但現在她卻過世了。』我的腦子完全無法接受。」

「我傳了很多訊息給她，我寫道：『**我愛你，我知道你會沒事的，別擔心，我們有一天會笑著講這件事，不用特別回我訊息，照顧自己比較重要。**』即便她已經去世了，我也很難接受在一夜之間，突然從某人的摯友變成誰都不是。」

潔絲告訴我，她後來發現將這段友誼延續下去的方法，其中之一就是和喬的家人當朋友，她和喬的妹妹金．利德比特（Kim Leadbeater）變成摯友。二〇二一年，金在姐姐的選區巴特利和斯彭當選國會議員，她們兩個也因此成為職場好友，當潔絲得知金當選的消息，她只是簡單地傳了個訊息寫道：「我愛你。」

「你必須想辦法延續一段情感濃烈的友誼」，她說道，「所以我選擇和喬的家人交朋友，我讓這段友誼接續我和喬的友誼，我們常常拿喬來開玩笑，當某人總是被公開稱頌，你可能會忘記她有時候也挺煩的。」

「我記得在喬的喪禮上，我們坐下來開始交換故事，抱怨她有多麻煩，並繼續笑著說……因為你無法就這樣切斷一段友誼，友誼不會不見也不會逐漸消逝，你必須試著將其延續下去。但某種程度上，被迫在公開場合處理這樣的事也算有幫助，看到人們在意你在乎的事，感覺挺好的，我從來沒有停止想念過喬。」

潔絲談論她和喬的友誼時，最打動我的是，我們能透過工作認識這麼志同道合的朋友，你不用多說什麼，對方就能懂，這讓她們快速發展出感情，當然，這也表示朋友的驟逝在她的心裡留下了一個巨大的洞。

然而，只因為你們瞭解彼此的工作狀況，並不代表你們就會很快發展出友誼，有時候會需要更多有意的互動，例如——慢慢分享一些小秘密。

「但我們不該一下子就展現自己所有的脆弱」，夏絲塔・尼爾森警告道，「我們不該將所有事都拿出來分享，我們應該要在彼此都感覺舒服的情況下進行，我們應該用我們彼此都覺得良好的方式分享。在職場友誼裡更重要的是，我們要對對方的生活感到好奇，確認對方也有說話的空間，也得注意自己不是利用別人讓自己感覺良好。」

你一定不想在上工的第一天就嚇走一名可能的職場朋友，只因為你告訴他你在紐約川普大廈肚子痛，差點在金色手扶梯上拉肚子的故事，但是和你想進一步認識的同事分享心事或感受，可能會產生不可思議的效果。舉例而言，某天，一位同事告訴我，她的大腿上出現了奇怪的疹子。

我是疹子專家，我們全家都飽受疹子之苦，我們家最津津樂道的故事之一就和疹子有關。某次傳訊息給我常起疹子的妹妹，「我在藥局，買到你要的藥膏了。」但我媽卻意外將這則訊息傳給通訊錄裡的所有人。我爸則是堅稱，他只要吃起司玉米片就會起疹子。

兩名女性同事大白天一起走進廁所隔間，看起來不免有些怪怪的。總之，我們在廁所裡，我的職場朋友掀起她的裙子，把黑色褲襪往下脫到露出疹子，五十便士硬幣大小的疹子遍布了她的大腿。

「我不想讓你過度恐慌」，我說道，同時蹲下來靠近她的大腿內側，彷彿福爾摩斯拿著放大鏡般仔細端詳，「但我覺得這可能是帶狀皰疹。」

幾個小時後，我收到一封電子郵件，「真的是帶狀皰疹，做得好，柯恩醫生。」我的同事在看過家醫科之後這樣寫道，她到現在還是稱呼我為柯恩醫生。正是這個互相信任的時刻，拉近了我和這名我起初有點害怕的同事，也許當她和我分享她的秘密時，她也有所遲疑，不論如何，這是我們之間發生過最好的事了。

真希望我和我的職場朋友凱特在決定從同事變成室友前，也有分享過一些皮膚上的問題。當時的我已經住膩了老家，而凱特則是剛和男友分手，需要盡快搬家。

現在回頭看，當時決定得太倉促了，我們根本完全不認識彼此，我只是找了一個和我同公司、去同一個地方喝酒、比我年長一點的人——一個正經的大人，我當時心想，能出什麼差錯呢？除此之外，她講了很多她前室友的誇張行徑，很多與蛆有關的恐怖故事，如果蛆是她的底線，那我可以接受。

我們的預算在西倫敦很難找到什麼好房子，我們看了一間位於漢默史密斯但沒有暖氣的公寓，還有一間環境衛生堪憂、靠近富勒姆的公寓，最後我們找到一間有點簡陋、位於一樓、很貴的公寓，裡面鋪著被香菸燒出洞的地毯，還有看似有著淺淺漩渦紋地毯的廚房，近看才會發現原來是幾十年來累積下來的油漬，除此之外都很完美。

大多數的晚上，我們都會一起煮飯、在沙發上聊天，我們開始有了共同朋友，也一起通勤回家。

一切都看似很美好，直到我們兩人的差異開始超越共通點，乍看之下好像是一個很膚淺的理由，後來發現你真的不會因為和一個不太熟的職場朋友同住，而把她變成你的閨密。

凱特也許無法忍受蛆，但她卻能在房子老鼠為患時，把吃到一半的起司麵包丟在地上，她也不介意借我的衣服穿，還在上面留下香菸燒出的洞；她不介意把腳踏車放在客廳，讓地上永遠充滿泥濘，你想要操控電視還必須閃過腳踏車手把。

如同任何成熟的大人，我出門後才傳訊息表達我的不滿，但她都無視我的訊息（鑾合理的。）

「小妞，你如果可以把腳踏車放在樓下，那就太好了，放在家裡有點小擋路，非常謝謝你！」

後來，她開始和一個很不討人喜歡的男性約會，他喜歡說她看起來很胖（她不胖），儘管他自己膝蓋上的毛比頭髮還多，粗魯又沒禮貌，這讓我很保護凱特，我開始忽略腳踏車的事，也默默地清理他們留下的起司，但我犯了一個致命的錯誤。他們在某次激烈的爭吵後分手，隔天我到她房間安慰她，凱特問我對他真實的看法。

「老實說嗎？」

「是的，拜託。」她抽泣道。

我深呼吸，「我覺得……他總是輕視你，我覺得他好像沒有很愛你，我覺得你值得更好的人，而且……」我緩緩吐出我的重點，「我完全不覺得你胖。」

凱特點了點頭，「他有點糟糕，對吧？」她難過地說道。

之後，他們當然復合了，我們的友情也回不去了，我得到了一份全國性報社的新工作，所以我們不會繼續在同一個辦公室工作。幾個月後，我們房子的租約到期，我們決定不再同居。

她在搬出去的那個禮拜五傳給我最後一則訊息，「我已經把廚房打掃乾淨了，所以你離開以前應該不需要再做太多事。」她寫道，但我從公司回家後，發現廚房地板比我早上出門之前還髒，我的餐具也都不見了，我們從此再也沒有聯絡。

許多人都遇過可怕的室友，特別是在二十幾歲的時候。我有個朋友某天下班回家，準備將鑰匙插進大門時，聽到她的房客大叫：「不要！不要進來！」結果是她的房客裸體在廚房水煮鮭魚，全身從脖子到腳踝都塗上除毛膏。另外一個朋友的室友，一天可以用完一整捲三層的廁所衛生紙，完全不知道為什麼，但水槽邊的垃圾桶每二十四小時就會出現一卷空紙筒。

我非常難過，因為對我來說，這應該是我與女性朋友同居的全新開始，我們都更成熟、放鬆，能夠互相尊重，希望藉此洗掉大學痛苦回憶的快樂同居生活。現在回想起來，我發現我一直在重蹈覆轍，緊抓著離我最近的女性友誼救生艇，完全不會思考這麼做對我們雙方是否有益，只因為這個人就在你面前，這樣的方便性和一致性就夠了。

我和凱特最後分道揚鑣的原因是，我當時還不理解一段親密關係需要的元素，以及一段良好的女性友誼該長什麼樣子，如果不瞭解這些事，我們永遠無法從同事昇華成親密好友。我們分開以後，我漸漸開始瞭解這些事，某些程度上，我很感恩，因為這段職場友誼的結束，讓我有機會加深另一段友誼。

依芙以前也在拍賣行工作，也因此成為凱特的朋友，當我遇到一些雞毛蒜皮的問題，她是我可以寫信訴苦的對象（她是唯一知道護貝機事件的人。）和她在一起，我可以自在地向她抱怨人生中最瘋狂的事，她看起來也是真的很關心我，儘管我當時看起來還是很像屹耳。

當我告訴她我和凱特決裂時，她只是輕輕地說了一句：「那我和她也決裂了。」我完全沒預料到這樣的結果，她不假思索地就選擇支持我，這當然不是因為「姐妹誓約」，而是更有意義的東西：一個有意識的選擇，即便我當時還沒意識到，但這樣的忠誠改變了我。從那時起，只要她的樂團有表演，我都會捧場，即便我知道可能根本沒有其他觀眾。當她心碎時，我盡全力分散她的注意力。當我醉倒在計程車後座打電話給她，哭著說我是多麼糟糕的大人，因為我弄丟了我的粉色兔子皮夾，她只是靜靜聽著並輕聲叫我冷靜一下。

當她發現自己懷了大女兒（也就是我的教女），我是第一個知道這個消息的朋友。那天晚上她驗孕完後，我們臉色發白地站在萊斯特廣場的一間劇院外面，我們當時正好去觀賞一齣劇，我記得好像是《靈慾春宵》（Who's Afraid of Virginia Woolf？），但我不確定，我們兩個都聽不進任何一句台詞，只是默默地在腦中思考過她可能的選項，偶爾我會輕輕捏一下她的手。

當我告訴她我要寫這本書時，她說我想怎麼寫都可以，因為「你是我最忠實的朋友。」依芙讓我看見職場友誼可以發展成什麼樣子，如果你不隱藏自己的感受，選擇信任別人、真誠地做自己，那麼你不僅可以和同事成為朋友，更有機會讓這段友誼持續一輩子。

側寫　女性如何變成我的責任

（當然是因為一根陰莖）

「有多少女性真的知道……她們伴侶的陰莖……尺寸呢？」我緩緩打出這行文字。

那是二〇一四年初，我正在撰寫一篇關於陰莖大小的文章，準確來說，是馬克斯．克里夫（Max Clifford）的陰莖。民主國家可能快要崩毀，羅馬陷入水深火熱，君主政體走向衰亡，但對我而言，當天最重要的事是已故明星經紀人的男子氣概，他因猥褻罪出庭時（他最後為此服刑八年），他的陰莖被一名女人形容為「小陰莖」。

我會答應撰寫這篇大作只有一個理由：工作，我當時工作的報社正好缺一名女性版的副編輯，我覺得這個職位非我莫屬，所以當女性版編輯問我是否願意寫這篇文章，我馬上答應了。

我最後成功了，經過好幾輪的面試後（但我們都知道是那篇文章的功勞），我得到了這個職位，突然間，我發現自己身處一個陌生的環境，這是我第一次和一個純女性的團隊工作，更重要的是，我的思考、寫作、訪問、會面完全圍繞著女性，生理假、豐臀、職場女性太專橫、霸道以及太有野心，若要談論這世上將近一半的人口，精確地來說，是世界上百分之五十一的人口，有太多討論不完的議題了。我當時還是戰戰兢兢的，儘管是受薪成為姐妹幫的成員，但我內心還是不太確定自己是否能完全信任女性，我的新工作更是日復一日地逼著我面對現實。

現在回想起來，剛開始那幾個月還真是渾身不舒服，我當時很真誠，我不想被認為是難搞或不討人喜歡，我極力想和我的女性同事打成一片，我想要討好別人，所以我過去的友誼模式又重現在我的職場生活中。每當我要做一個「成功女性」的訪問，這些女性楷模會聲稱自己五點起床，五點十五手上拿著一杯蔬果奶昔進健身房，六點開始回電子郵件、維護世界和平，她們會告訴我，她們成功的關鍵在於一群由她信任的女性建構的「友情網」，她的這些朋友可以當白老鼠，也可以當著她的面說真話，我承認我當時其實不太懂她們在說什麼，這讓我覺得自己好像是個大騙子。

我工作大約一個月後，在網路上開啟了一個全新的「工作」頻道，鼓勵女性分享職場上面臨的困境，別害怕尋求協助。與此同時，我也因為我自己做不到這些事，而感到很害怕、覺得自己不夠好，我感覺自己好像過著雙面人生，不是說我不相信我所寫的文字，或者沒有強烈感覺女性不應該淪為次等公民。我用盡一切支持女性的生育選擇權、跟蹤者列管、幫助家暴受害者、爭取職場上的性別平權，這些都是我的養分和動力，讓我每天心甘情願起床、振作起來工作，決心為社會帶來一點改變。

然而，這個工作的前期，我心裡還是有一個聲音說著，我不像關心我的題材一樣關心我生活裡的女性，和陌生人說話時，我還是會很緊張、試探性地與他們對話，我還是和我的女性朋友保持一定的距離。

真正幫助我將兩個面向合而為一的人是泰勒絲，這麼說不太友善，但泰勒絲成功惹惱了我，我不是會追星的人，但我當時真的感覺到處都看得到泰勒絲和她的「閨密團」。

她似乎集結了所有她能找到的傑出女性，與她們成為閨密，並拍下她們穿著睡衣烤餅乾的樣子，她們每次姐妹聚會時，都會精心拍下團體自拍照上傳社群媒體，#閨密模範這個標籤開始氾濫，好像只要不是一群完美閨密的漂亮自拍照就很無聊、很可悲。

也許我當時不該那麼在乎，也許我早就過了該在乎的年紀了，但在這個無謂的女性友誼炫耀中，有些事是我無法忍受的，我彷彿看見那些閨密項鍊變成了真人，到處都看得到，我現在很難解釋當時媒體是如何大肆報導泰勒絲的閨密團。我是一個對自己的女性友誼充滿不確定，總是極力想知道怎麼改善的人，對我而言，在我眼中，她們相關的報導好像永遠不會結束。二〇一五年的 MTV 音樂錄影帶大獎堪稱她閨密團的顛峰之作，泰勒絲帶著九名女性一起在紅毯亮相，她們大多都是社會菁英、白人、維密超模，泰勒絲把握每個機會炫耀她和這些傑出女性的友誼，包括她的《壞到底》（Bad Blood）音樂錄影帶以及一九八九巡迴演唱會，顯然她們的友誼已經被商品化了，我們被迫接受一個完美的女性友誼形象。

我大半輩子都被灌輸姐妹小圈圈是人生最重要的事，現在這整件事終於成功惹怒我了，我的閨密團在哪裡？老實說，我的行程明顯比泰勒絲空很多，但為什麼我每週都沒有閨密過夜派對可以參加？如果我對一個以前從不關心的女性有這樣的感受，那麼熱愛她的年輕粉絲又會怎麼想？她好像傳遞了一個訊息，女性友誼看起來如何比較重要，而不是感覺起來如何，這也是造成我多次心碎的原因。

我不是唯一覺得這種行為噁心的人，熱門新聞網（Buzzfeed）將泰勒絲的行為稱為「策略性地收集女性朋友」，有人懷疑泰勒絲故意創造出閨密團，目的是為了蓋過她常常與其他知名女性結仇的名聲，我完全不在乎這些事，但我反對被迫接受這種不健康、片面的報導，我當時其實還寫了一篇文章，標題為「女性友誼變成大事業，泰勒絲做得真好」，文中我嚴厲批評泰勒絲像併購公司一樣收集閨密，現在回想起來，說不定可憐的泰勒絲也和我一樣迷惘。

為了不讓這一切變成公關災難，泰勒絲隨後為《她》（Elle）雜誌寫一篇名為「三十件我三十歲之前學到的事」的文章，文中她提及閨密團明顯造成了負面影響，從此以後閨密團就越來越少出現。

「我小時候並不受歡迎，這件事一直是我不安全感的來源之一」，泰勒絲寫道，「即便長大成人，我腦中還是會常常閃過獨自一人吃午餐、躲在廁所裡或試著交新朋友卻被嘲笑的畫面。我二十幾歲時，感覺自己身邊圍繞著許多想要和我交朋友的女生，所以我開始大方公開、大肆上傳與他們的照片，炫耀我第一次被一群姐妹接納，卻沒意識到有人也像過去的我一樣孤單，在我們變成錯誤示範以前，應該要點出這些存在已久的問題。」

沒錯，就是這樣，我們非常需要聽到女性友誼的真實樣貌，如果我能回到大多數泰勒絲粉絲的年紀，讀到這篇文章，我可能會覺得自己比較沒那麼像異類。

對我而言，仔細思考泰勒絲的閨密團幫助我理解女性友誼在大眾文化裡有多麼膚淺，我們沒看到的東西比表面重要太多了。儘管生活中充斥著友情網的說法、完美的社群媒體貼文、閨密旅行、將女性塑造成不是靈魂伴侶就是靈魂毀滅者的電影，但我們一定也能在其他地方看見女性友誼的真相。

這個真相不一定完美到足以放上#閨密模範的標籤，但我們需要聽到這些真相，讓我們得以理解以自己的方式和女性交友沒有任何問題，你不需要一個模範告訴你女性友誼應該長什麼樣子，或者你需要的是一個好朋友，還是一整團名模般的閨密，泰勒絲自己最後也發現，適時展現脆弱比較容易產生共鳴。

艾琳·布羅克維奇（Erin Brockovich）向我說過類似的事，我在那一年也訪問了她，「展現脆弱沒問題，談論自己的恐懼也沒問題，但我們常常避而不談，正是因為壓抑了自己的聲音，才讓我們開始感到焦慮。」她說道。

這是我當時需要聽到的話，讓我理解我並不是過著雙面人生，在職場上為女性發聲的同時，私底下卻是戰戰兢兢地與她們相處。如果完美的女性友誼是幻覺，那麼完美女性友誼在我人生中已經徹底崩壞這件事也是幻覺；如果我可以敞開心胸和我在職場上剛認識的女性說話，也許我也可以對我那些稱之為朋友的人這麼做。

新朋友

迷思：新朋友不值得花心力結交

二〇一四年一月四日，星期六，這天是我的三十歲生日派對，整個晚上都感覺有點超現實，不是因為我在一間布置成糖果店的酒吧裡舉辦派對，好像穿越衣櫥來到了享樂主義的納尼亞王國一樣，也不是因為我以自己的名字為雞尾酒命名（享樂柯恩），更不是因為我喝了太多雞尾酒後，從樓梯上滾下來，導致右手臂和地毯摩擦出水泡。

都不是因為上述原因，真正奇怪的是在整個空間裡，許多大口吃著披薩的人都是我以前絕對不會邀來生日派對的人，她們都是新朋友，我只認識沒多久的女性，但我已經無法想像沒有她們一起慶祝的情況。

兩年前，我的生日完全不是這樣，那天下午，我男友帶我去看電影，我忘記我們看了什麼電影，我只記得離開時我心情很糟，更糟的是，我的手機開始跳出訊息，說好當天晚上要一起去酒吧的朋友放我鴿子，她們本來就應該要低調，沒關係，我說道。

事後看來，或許就是因為這樣，她們才會覺得沒關係。有人決定聖誕節過後要繼續待在老家，有人身體不太舒服，因為一些不明的病症，但我相信絕對不是「懶癌」，還有一位朋友不能來是因為狗狗拉肚子。

我生氣地將手機丟給提姆，宣布要取消酒吧的聚會，「算了吧」，我吐了一口氣。

那天晚上，我想辦法振作起來，但這也讓我開始思考誰才是我的朋友，誰準備拿拉肚子的狗狗當藉口。我們常常在將近三十歲時，才開始發現某些朋友很奇怪，他們以前可能都很有趣、很衝或很受歡迎，但當我們開始越來越喜歡在家的親密時光，生活也開始變得複雜，誰願意為了你出現就變得更重要了。

我現在要先鄭重聲明：年紀不會阻礙你交新朋友，我自己也發現交新朋友永遠不嫌晚，我問過幾位不同世代的女性，其中包含兩位九十幾歲的女性，她們最近一次交新朋友是什麼時候，她們的答案讓我更加安心，比在低溫天氣中抱著毛茸茸的熱水袋還要安心，每一位受訪者最近都有交到新朋友。

然而，她們也承認交新朋友並不容易，成年人的交友就是這樣：我們從來沒預料到，甚至常常也沒特別想要拓展人脈，再加上認識新的人也不太容易。你在求學時期有很多選項，即便不一定會成功，但你還有時間，我們一天除了洗衣服、蹭貓、和亞馬遜的送貨員講話之外，剩下的時間都拿去做什麼了？

一份二〇一六年的芬蘭研究[22]發現，我們的朋友數量在二十五歲達到顛峰，這個年紀通常是我們在社交上最活躍的時期，此時的我們比較願意與人交流，也比較願意敞開心胸接納任何可能發生的事物，此後，朋友的數量就會開始遞減，這種狀況特別容易發生在女性身上，這不禁讓你懷疑，年紀大了再交新朋友值不值得？何必這麼麻煩？

首先，有很多原因可能會讓你**需要**交新朋友：搬家、分手、找到新工作、沒人能在白天陪你喝酒，「因為這樣宿醉不值得」，但很多時候就只是攸關每個人的優先順序而已，隨著身旁的朋友陸續談戀愛、成家立業、生小孩或搬家，你們的友誼關係也會跟著改變，你會開始覺得生活失去平衡，但這不表示你們不再是朋友，只是你可能需要一些出去玩的新朋友，這件事後面會再提到。

友誼教練夏絲塔．尼爾森說，重點是「對自己說友誼對我很重要，我可以建立友誼。」這樣的表態可能聽起來很刻意，但有時你就是必須刻意地做一些事。記得嗎？從點頭之交變成普通朋友需要五十個小時，你在交朋友的過程中，其實也在積極選取參與你人生的人，這表示你應該慎選對象，不要像我以前一樣，遇到第一個或第一群好像很聊得來的人就湊上去，你可以試著想想自己的朋友或家人會如何看待你即將要付出心力結交的朋友，他們比較像和你親近的人，還是那些和你毫無交集的人呢？

經驗會讓你知道你想要什麼，絕對不想要什麼，你也會不斷從友誼中學習經驗，你不想隨便對人敞開心房是有原因的，但如果你願意敞開心房會怎樣呢？太多女性受訪者聊到她們的新朋友時，就好像在敍述一段愛情的開展，歡欣喜悅的感覺再加上一點衝勁，就像蜜月期的夫妻一樣，在這段期間內，你們會努力度過尬聊的階段，試著分享秘密、為對方擦上香水，基本上就像是你在追求對方一樣，一切都很刺激卻也有點可怕，如同青少年時期的暗戀：如果你們能瞭解彼此的內心，喜歡他們真實的樣子，你們就有可能交往一輩子。

「幾年前，在一個工作場合裡，我聽見一名女性在我背後和別人聊天，她吸引了我，她好像是個非常有趣的人。後來主辦方介紹我們認識時，我從她身上感受到一種前所未有的情感連結，我們彼此相視並咧嘴微笑。」我的一個朋友這麼說道，她承認道，「坦白說，這種感覺真的很像戀愛初期，三十幾歲的我彷彿正經歷青少年時期的暗戀。幾天後，我們約出來見面走走，我開始想和每個人提到她，其他朋友開始開玩笑說她們有點嫉妒。」

我可能就是她們其中之一，當你的朋友開始結交新朋友時，你可能會焦慮不安，心裡出現一股不安全感。這一切的原因又回到永遠的好朋友的迷思，彷彿女性友誼的顛峰就是靈魂伴侶、姐妹或雙胞胎，即便你現在已經看透這個迷思，當你朋友開始向外結交新朋友，你可能還是會因為那些根深蒂固的姐妹誓約——不論如何都要永遠相互支持——而不好受。你很難不去跟新朋友比較，或者不去猜想新朋友給了她們什麼你給不了的東西，你可能會因此受到打擊，認為自己在她們心中的重要性已經不復以往，若要將其視為一個機會又更困難了，但新朋友能讓你朋友變得更開心，也讓你有機會認識很棒的新朋友。

「能夠交新朋友是一件很棒的事，因為你會感受到被接納、被喜歡、被重視。」三十六歲的凱希說道，「新朋友主動選擇在你身上付出心力，讓你有機會嘗試新的友誼相處模式，做一個不一樣的自己，這是一件很好的事。有機會知道別人的故事，從不同的視角反思自己，這是一件很令人興奮的事。」

嘗試做一個不一樣的自己並不是要你偽裝，假裝成一個完全不是自己的人，只是要讓你知道新友誼能夠讓你從不同的角度回看自己，讓你和一個可能對你沒有任何期待，只是想更瞭解你的人一起拓展更多可能性。認識比較久的朋友可能對你是誰有自己的想法，但在新朋友眼中，你那些因為生活中的挑戰而形成的面向，就是你在這段友誼裡的樣子，而不是像老朋友所說的「你變了。」能找到一個不知道你在自己的生日派對上從樓梯上滾下來的人，總是令人開心的。

我的母親珍告訴我她如何在六十歲時，在英國泰德美術館的一堂課上交到新朋友。「她坐在我旁邊，我們從開始聊天後就幾乎再也沒停下來過。」她說道，「我們的生活非常相似：我們都有女兒，我們的年紀相同、背景也差不多，我們什麼都可以跟對方說，還可以一起笑看我們生活裡的荒謬。面對生活中艱難和悲傷的時刻，我們總是能相互支持，我感覺自己好像幾乎遇不到比她更關心我的朋友了，我們總說很幸運能認識彼此，我們住的地方雖然不近，但我們一週都會講上兩三次電話，也會固定見面。我非常愛她，我們的友誼是我生命中最重要的情誼。」

我才沒有被感動到流淚呢！

前幾章提到的羅倫告訴我，她從轉換性別以來，在女性友誼中感受的緊張、興奮，和你在成年以前的友誼裡感受到的緊張、興奮一樣，你們都正面臨著新的體驗——酒精、如何運用你的性吸引力、旅遊的樂趣——你也在探索一個新的自己。

「蜜月期非常適合用來形容這種狀態」，她說道，「就像當人們談到青少年時期的女性友誼，總帶有心靈探索、支持和一點飄飄然的成分，也許你們的友誼無法繼續下去，因為你們已經不再那麼適合彼此，所以漸行漸遠，但如果這段友誼真的持續下去，一定會是一段很重要且很親密的關係，因為你們的人生在這個階段正好需要這樣的友誼。」

「我在 Reddit 上認識一名女性，她年紀比我小一點，但她的性別轉換資歷卻比我多好幾年，我們在性別轉換上的經驗上十分雷同，我曾經不太確定我的這些感受，其他跨性別者『真的』會經歷過嗎？但她有經驗能告訴我：『沒錯，就是這樣，因為我是跨性別者，我也經歷過這些感受，你看我現在已經走到這裡了。』這是一種極其強大的感受，我還想要更多。」

羅倫常常和她的新朋友聊天，講電話講到半夜，「她會分享她的經驗，讓我瞠目結舌，因為我以為只有我這麼想，我當時正經歷心理上的低潮期，很多感受傾巢而出，逼著我不能再壓抑，要大聲說出來。如同我在日記裡寫的，我當時感覺渾身飄飄然，無窮無盡、盪在半空中、像在夢裡飛翔一樣，好像第一次愛上一個人一樣：感覺很棒，而且擋都擋不住。」

最後，羅倫告訴我，她和她的新朋友其實沒有這那麼多共通點，她們的這段新友誼剛好在她們人生中很重要的時刻發展出來，雖然這段友誼注定無法延續，但卻不會因此減損其重要性。

「我們談論其他事物時並沒有這麼合，所以最後就沒有聯絡了。」羅倫說道，「我們剛好在對的時間遇見彼此，我從她身上得到的東西是我當時非常需要的，即便我們不再聯絡，但我希望她知道，我因為她改變了不少，我希望她知道，她拯救了我的人生。」

根據羅賓·鄧巴教授的說法，友誼裡有七個重要元素，我們在交朋友時有多少交集，就表示我們有多少相似之處，我們交集越多就表示越親近，但我們可能和某些人只會有一項交集，這也沒關係。

1. 說著相同的語言或方言
2. 在同一個地方長大
3. 擁有相同的教育或工作經驗
4. 擁有相同的嗜好
5. 對於道德、宗教或政治擁有相同的世界觀
6. 擁有相同的幽默感
7. 擁有相同的音樂品味（例如：韓氏兄弟）

這個清單乍看之下並不可怕，你可能會在幾個你認識的人身上找到這七個元素，她們可能還不是你的朋友，不管你和她們是一起工作、一起上拳擊課，或者住在隔壁。

我其實想在這個清單上多加一項：對彼此坦承，我指的是那種十分困難的坦誠相見。

堪薩斯大學於二〇一八年做的研究[23]發現，閒聊是友誼的致命傷，如果你們無法度過天氣或者週末計畫這些話題，之後友情的深度可能就會有限，適度展現自己的脆弱或聊聊生活上的瑣事能夠加深友誼，這是膚淺的閒聊無法做到的程度，想要友誼堅定，你就必須「自我揭露」，或者像我們其他人說的，誠實以待。

我從來不是能夠自然敞開心胸的人，甚至對我的摯友也是如此，當其他女生說到她們半夜打電話向朋友哭訴，我總是會驚訝不已，我還寧願抱著枕頭哭到整個枕頭濕透、沾滿睫毛膏。如果我真要在半夜向某人吐露心事，那個人會是貝琪，我長久以來的垃圾桶，她是世界上最好的聆聽者之一。

當我聽到女生說著她們一起上空做日光浴，或者在某場派對的最後把胸部露出來，我都感覺自己好像異類。我一直都比較偏好荷葉邊領口和守口如瓶的情緒生活，如果很不熟的朋友把衣服掀開問我，「我的奶頭是不是和餐盤一樣大？」這將會是我的友誼史上最出乎意料的一頁。

一切都要回到十六歲，安娜和我分手時說道：「我們什麼都不告訴彼此。」當時，我完全不懂她的意思，她知道我午餐最喜歡吃披薩，她知道我最喜歡去哪間店買陰陽耳環，除此之外，還有什麼好說的嗎？坦白說，我到二十幾歲時還是這麼覺得，儘管當時我有很多值得分享的事情，但在經過二十年的自我保護下，如果沒有五個小時的酒精催化，我可能還是說不出口。

「你有時真的很難和朋友訴說內心的感受，因為如果你真的說出來，那些感受可能就會成真。」艾蜜莉・麥米坎說道，「我很難說：『你知道嗎？我過得不太好，我的完美生活其實不完美。』但完美是不可能的，如果你不能分享自己的脆弱或遇過的災難，這樣會很難親近別人。我認為放下、拋開過去的不堪是很重要的，自己本身不完美以及分享這些不完美的經驗都是很可以的。」

關於情感親密的力量的實驗，三十六道問題應該是最有名的了，你可能還記得這個實驗來自幾年前《紐約時報》（New York Times）的「現代愛情」專欄，作家曼蒂・蘭・卡朗（Mandy Len Catron）親身實驗後還真的墜入愛河了。

這是由亞瑟和依蓮・艾融（Arthur and Elaine Aron）於一九九七年主導的實驗，原本是由五十二對陌生的異性戀男女，兩兩一對進入實驗室面對面坐下，互問對方一系列越來越親密的問題（「你心中完美的一天是什麼樣子？」「你在一段友誼中最重視什麼？」「你最糟糕的回憶是什麼？」）最後，他們會互相對望四分鐘。六個月後，有一對受試者結婚了。

然而，這個實驗的宗旨不是幫助人們墜入愛河，而是為了測試陌生人之間的情感親密，研究自我揭露如何快速增進彼此的親密程度，這個實驗達到了一些預期的效果，許多受試者都說在短短四十五分鐘內，他們已經感覺到與對方有著超乎尋常的親密，他們甚至交換了聯絡方式。除了男女配對實驗外，也有十九對異性戀女性參與實驗。

「此研究清楚地發現女女配對和男女配對的結果差不多，據我所知，這也和往後的一些研究結果相符。」亞瑟·艾融回信道。

基本上，如果你在女性新朋友候選人面前展現更多脆弱，她們也同樣這麼做時會怎樣呢？恭喜你！你找到新朋友了！對於二十八歲的我而言，展現脆弱是讓我最傷腦筋的事，我過去曾被背叛過，或者被本該是我朋友的人拿著我的秘密對付，從此以後，我就很難知道自己能夠敞開心胸到什麼程度。

「我注意到很多女性會分享太多私事，我認為她們太容易感到脆弱，她們可能都太寂寞、太想得到關注了。」夏絲塔·尼爾森說道，「或者她們在過去被拒絕過，所以她們很害怕再次被拒絕，但也有很多女性沒有分享太多，卻反而誤以為彼此更親近了，這很常發生，因為她們受過傷或者很難相信別人。」

這我非常有同感，坦承自己卻被自己的秘密反咬一口，我想深入探討為什麼會發生這樣的事。

「某位受訪者這樣告訴我：『當我向朋友吐露某部分的資訊，就好像對她們說：這是某部份的我，這表示我喜歡你。』」語言學家黛柏拉．泰南這樣說道，「我的反應會是：『沒錯，但是她知道了之後可能做出什麼事？』信任感放對地方能讓你們更親近，你也不會損失什麼，但某些人就是會濫用這些資訊，也許她們沒有意識到不該覆述你的秘密，或許她們是無意的，但也可能是故意要傷害你或者純粹炫耀。」

分享秘密是有風險的，你必須信任另一個人不會解讀錯誤、批判或告訴別人你分享的事。你必須降低戒心，過去在友誼變質時你會隱藏起來的事物，現在都要學習展現出來。雖然要你徹底放下戒心可能有困難，因為我們自我保護的本能太強烈，但有時會很值得一試。

對作家拉德希卡．桑加尼（Radhika Sanghani）而言，交新朋友的關鍵在於讓自己走出去。拉德希卡和男友分手、辭掉工作自由接案後，她發現她很孤單，她大多數的朋友都住在國外，她在倫敦的朋友都陸續進入人生的下個階段，所以她決定要有意識地外出交朋友。

「我開始在新的辦公室工作，那裡有些人看起來很酷，所以我就開始約他們出去喝酒。」她說道，「有些人會被我嚇到，心想：『這個女生怎麼這麼主動？』但有些心地很好的人還是答應了我的邀約，她們正在變成我朋友的路上。」

「其中一個和我處得不錯的新朋友，我以前只和她在茶水間小聊過幾句。某天晚上，我打電話給她，她接通之後說：『怎麼了？』我回覆道：『只是想和你問聲好。』『為什麼？』她說道。我們現在能笑談這件事，她說：『還好你當時有打電話給我。』她和另外一個同辦公室的女生現在都是我最好的朋友，但我卻是在三年前才遇到她們，所以交朋友永遠不嫌晚。」

拉德希卡也發現了脆弱的力量。她在某個婚禮上和一群老同學坐在一起，這是一個躲回舒適圈的絕佳機會。「但是出現了一個女生，她是新郎同事的女友，算是和我關係最遠的人。」她說道，「我開始和她聊天，我們發現我們竟然都是自由接案，而且都覺得很孤單，突然間，我們就越坐越近，一個月後，我就去她家寄宿，我們變成非常好的朋友。現在每當我出去認識新朋友時，展示脆弱便成了很重要的事。如果你想要一段真正的友誼，你就必須展現自己某部分的脆弱，這也是為什麼當我分享我的困境時，她會回道：『天啊！我也是。』後來我們就因為人生中的困境而產生了真正的連結。」

我很喜歡拉德希卡的分享，她透過和鄰居對話或在瑜珈課下課時和同學聊天，為女性友誼創造出了一個新的層次，點頭之交兼親密摯友。「突然之間我發現自己變得很忙碌，」她說道，「雖然不是每一段友誼都能留下來，有些也變成了偶爾的咖啡聚會，但我拓展了自己的交友圈，這點讓我感覺很好。」

也許最容易交新朋友的方法就是透過朋友認識朋友，畢竟，你喜歡的那些人已經先辛苦地幫你篩選過了。我透過一位職場朋友認識艾歐娜，我們在工作上漸漸有了交集，大多數都是透過電子郵件。我還記得有一次，我派她去訪問一名聲稱能夠催眠自家兔子的男性（暱稱：兔子催眠師。）

即便當時介紹我們認識的人和我已經不是朋友了，但我和艾歐娜卻還是朋友。當我離開我的第一份報社工作，那個當下我就確定我們會是好朋友。因為某些不明原因，我當時決定舉辦兩場離職派對，基於某些非常合理的原因，我同事全部都來第一場派對，但缺席第二場，只有艾歐娜兩場派對都在。我當時極度尷尬，但她看起來絲毫不覺得有任何問題，這讓我不禁思考，我到底是想做給誰看。我們點了好幾瓶酒來喝了，然後突然意識到一件很棒的事，我們可以把支出都算在缺席的同事身上，還可以大聲討論他們的事。

這讓我回想起大學室友和求學時期的閨密，如果我辦了一個只有兩人參加的離職「派對」，她們會讓我感覺自己好像笨蛋一樣，但艾歐娜不在乎，所以我也不在乎。她的不在乎讓我能展現自己的脆弱，老實說，那天晚上最尷尬的事已經發生了，一切都和參與者多寡無關，而是和參與者的品質有關，我沒有讓艾歐娜覺得她的陪伴還不夠，因為對我來說已經很夠了。

十年後，我們一起參加了一個眾星雲集的晚餐派對，與會貴賓中包含某位曾稱呼我為「傻女孩」的電台主持人，他甚至沒發現我寄給他們的信落到垃圾信件匣。

幸好當時廚房裡長長的桌子旁沒有空位，讓我們只能尷尬地擠過人群。艾歐娜和我坐在一張沙發上，腿上放著牛腱義大利寬麵，大口吃著義大利麵、喝著酒，大聲笑著。一名女子擠到我身邊說：「你們好像是在場最享受的兩個人。」她或許是對的。

我差不多也是在那時候遇見瑞秋，我會說「遇見」，是因為我們在同一個辦公室工作快五年，卻從來沒有真正說上話。我偶爾會看見她穿著時尚地飄過，心想她的內心是不是外表一樣漂亮，她一定有聽到傳言表示，我的第二場離職派對讓我看起來很受歡迎。某天，瑞秋走到我的桌旁，提議在我離職前我們一起去喝一杯，我當時正在整理我的桌子，心想如果真的很尷尬，反正我再也不會見到她了。我現在才意識到當時的我正在經歷友誼的冒牌者症候群，感覺自己不夠格或者是個徹頭徹尾的騙子，冒牌者症候群通常是用來形容工作上的感受，但我在發現自己也飽受冒牌者症候群所苦後，便開始對這個病症產生興趣。

幾年前，我受邀參加國際婦女節的座談會，我和其他非常成功的女性一起坐在台上，我感覺自己頭上好像閃過一行字：你以為你是誰啊？我很確定自己就快被某人指出我不夠格坐在這裡，我記得我很緊張，很怕因為被問到某個問題，而被發現我根本不知道自己在說什麼，當時討論的主題是什麼？就是冒牌者症候群。我在我的播客節目《冒牌者》（Imposters）訪問過許多傑出女性，例如：演員琵豔卡・喬普拉・強納斯（Priyanka Chopra Jonas）、崔妮・伍道爾（Trinny Woodall）、莎曼珊・卡麥隆（Samantha Cameron）、瓊・薩彭（June Sarpong），我漸漸瞭解到冒牌者症候群不僅影響我的職場生活，更影響了我的私人生活，我想多數人都是如此。

說到新友誼，冒牌者症候群也會出現，當某人看似喜歡我們，我們會告訴自己那都是僥倖，並告訴自己我們馬上就會被「發現」我們不夠好，或不夠討人喜歡，正因如此，我才不懂為什麼瑞秋這麼友善、這麼受歡迎的人會想和我交朋友。

我很開心她那次找我喝酒，也很高興我沒因為自我懷疑而拒絕邀請，我們非常合拍，當時的我正面臨了人生劇烈動盪的時刻，剛結束一段戀情，打算搬回老家住，換了新工作。我允許自己談論這三件事，我並沒有完全放下戒心，但我從小地方開始，誠實回答她的問題，告訴她那些你會告訴朋友的事，如果你將某個人當作朋友對待，也許你們真的就會成為朋友。

瑞秋介紹我認識辦公室其他兩個女生，西西莉雅和露易絲，她們三個很親近，但看起來完全不像是閨密團。她們為我打開了一扇門，很歡迎我加入她們，我當時還不太懂為什麼……其實到現在我也不是很懂，只知道她們很喜歡交新朋友，這對我來說是個啟發，或許我也能學著享受交新朋友的樂趣，如果能放下我以為我知道的事，忘記那些讓我對女性友誼疑神疑鬼的不好經驗，也許我會開始看見女性友誼不同的樣貌。所以我開始嘗試，以前因為戒心太重而不願意分享的秘密或失望的事，現在都會鼓勵自己多分享一點，我大方談論這些事，而不是將它們藏起來以免被別人當成我的弱點。

結果呢？我感覺很好也交到了新朋友，我現在非常樂於分享，我根本就是最會分享脆弱的人。慘遭拒絕？我大笑**面對**拒絕，工作不順？**這就是人生嘛！**陰道炎？**這裡是我知道的資訊，你想要我的家醫的電話嗎？**你可以跟他預約做尿液測試，我根本就是放下過去的最佳典範！好吧，也許不是，但隨著時間過去，這三位女性變成我最親密的好友，我和瑞秋住在一起，我是西西莉雅漂亮女兒的教母，露易絲特別從西班牙老家飛來參加我的婚禮。

我們的聊天群組名稱是「小姐們！」，絕對不是因為我們四個都在創意產業工作，結果還想不出更好的名字。我們聊的話題無所不包，從電視節目《問答時間》（Question Time）的優點，到（現實生活中）究竟要不要穿內褲，再到某個男人在第一次約會後，做愛前還在床上放上毛巾，我們常常說某天老了要一起住，也常常互相傳送豪華別墅的相關資訊。

我最近發現我更能敞開心胸，但這不代表我每五秒就會對一個陌生人吐露心事，但這個習慣緩慢而確實地幫助我建立新友誼，也幫我加深現有的友誼。我發現我能和依茲、瑪莉、阿嘉莎和依芙談論更深層的話題，除此之外，還為我帶來一個意料之外的好處，讓我更接近那些我以為不可能成為我朋友的女性，例如：阿嘉莎的大學室友，我現在理解到我們的經驗有多相似，以及我要怎麼做才能讓這些友誼更加穩固。

我的人生裡好像開啟了一連串的連鎖反應，我開始到處結交新朋友。紀子是一名時髦又聰明的女性，我一直以為我只能在遠處欣賞她，她可以撐得起撞色風格、高筒運動鞋和巨大耳環，完全不像我這個穿衣風格還卡在八〇年代的人。當我們開始花時間相處，她也再不只是我朋友的朋友，我們談論自己的生活，也談論別人的生活，討論共同好友單身派對上的陰莖皮納塔該用紙板做還是用紙糊。

某次晚餐邀約讓我確定我們真的是朋友，她和她先生邀請我們到家裡吃晚餐，問我們是否願意接手一隻他們最近才救到的貓，牠可能是世界上最可愛、最小的貓，全身黑的牠好像是穿著一雙白襪子，我們已經喜歡牠好幾個禮拜了，結果紀子的先生對貓毛嚴重過敏，需要類固醇抑制的程度。如果一段友誼在有人近乎搶走你的寵物後還能繼續下去，我想應該就沒問題了。

「我真的不敢相信你沒參加我們的婚禮。」紀子在結婚一年多後說道，那時我們的友誼才剛開始幾個月，她和她先生都會不時難為情地提起這件事，但這其實讓我感到更安心，當然，我一定會希望自己當時在場，才不是因為她的婚禮現場每桌都有一瓶威士忌，而是因為我喜歡被提醒，我在沒有預料到的情況下，結交了一個新的知心好友，準確來說，是兩個。

對情侶來說，和另一對情侶互動是一件很棒的事，這可以幫助你從不同的角度看你的伴侶，你的伴侶可能會以你在家沒看過的方式與人互動、交流情感、大笑、小露性感，和在家穿著運動褲、吸著沙發上的貓毛的樣子完全不一樣。

麻薩諸塞大學二〇一四年的研究[24]發現，情侶友誼可以幫你在感情關係中點起火花，當情侶和另一對情侶有著親密友誼，他們都會變得更開心，很顯然，這也是我為什麼鼓勵提姆和瑞秋的先生一起去騎單車，而我則和瑞秋開心地吃午餐、做指甲，你看吧？雙贏的局面。隨著你們更認識他們，再加上他們的關係也算穩定，你們的四人友誼會讓一切更好，當你有伴侶在身旁作為後盾，你也會比較容易展現自己的脆弱並分享自己的事，當然，如果你分享太多了，伴侶也可以適時地在桌子下踢你一腳。

在三十歲生日派對上，我環顧四周，不敢相信兩年內會有這樣的改變，我發現自己開始嘗試多方交友：依茲和瑪莉，她們到現在還是我忠實的朋友；阿嘉莎和依芙，她們讓我知道我不用裝作「男孩子氣的女生」。我新的女性朋友：瑞秋、西西莉雅、露易絲和紀子，她們讓我覺得我好像成功了。

我開始瞭解我從來沒在任何友情中投入的東西：我自己，我以前表現出來的樣子，是我以為別人會想和我交朋友的樣子，一個總是說「好吧，謝謝」、很害怕展現脆弱的人，一個討好別人的人，一個縮小自己讓別人覺得偉大的人，也正因為如此，才導致了權力不平衡的友誼模式，我因為自己築起一道牆，所以才從來沒被真正看到、聽到或被理解。

在那之前，我一直覺得我身邊這幾位女性會和我交朋友，是因為她們知道我的缺點卻還願意無條件地喜歡我，我還是覺得大多數的女性友誼都是這樣，但我當時還沒想通的是，她們不會只看我哪裡有問題，或者像我內心的聲音一樣批判我，她們希望看到我更多的面向，我也因此慢慢找到信心，展現更多的自己。

想要結交新朋友以及拉近老朋友的關鍵在於更開放、更坦然面對自己，這樣的說法對你來說可能有點老生常談，這是我內心已經知道多年卻從未正視的事，即便你可能也已經有這樣的認知，但要實際執行卻不是那麼容易，但朋友，相信我，非常值得。

當友誼出現裂縫時

迷思：友誼一旦出現裂縫就無法彌補

你是否曾覺得自己和朋友之間好像隔著一道裂縫？你可以看見她們，甚至伸出手就幾乎能碰觸到她們，但你們之間似乎還是隔著一大段距離。

歡迎來到友誼裂谷，即便是最要好的女性朋友之間也會出現的裂縫，當生命中非常重要的部分往外移動，只留下你盯著一條長長的裂縫發呆，你們曾經這麼合拍、這麼同調，現在卻面臨從未感受過的疏離。你只要想像《歷險小恐龍》（The land before time）裡的大地震，就會理解我在說什麼。

友誼裂縫通常不一定是誰的錯，也無意傷害任何人，許多人生正常的階段轉換都能促成這條巨大、恐怖的裂縫：談戀愛、買新房、升遷、結婚、生子、搬家、更年期、離婚等（雖然這也可能是因為你們某些價值觀的不同，或者對朋友的生活經驗不太清楚。）

不論你的人生里程碑為何，這些都是推動人生持續向前的成年禮，結婚生子的概念能在社會裡根深蒂固許多個世紀不是沒有原因的，它們讓這條像是超市收銀台輸送帶的文明能夠生生不息地延續下去，牛奶、奶油、麵包、馬麥醬、婚姻、義大利麵、焗烤馬鈴薯、排屋、特級熟成的巧達起司、焗豆和嬰兒。

當你第一次被某個朋友告知**重大消息**，在此之後產生的友誼裂縫是最痛苦的，你只能很不情願地當那個選擇不要介入、成熟行事的人，與此同時，你可能也會感覺自己在人生裡的選擇很糟糕。她們都要結婚了（你怎麼還去那些糟糕的約會），她們都要買新房了（你怎麼還睡在你姐姐的床墊上），她們都要有孩子了（你怎麼還像個嬰兒一樣，甚至還沒準備好要有小孩。）。

在人生的路上，你們不可能一直保持相同的速度或想要相同的東西，但是你們的選擇可能會以意料之外的方式影響你們的友誼。友誼裂縫是難以避免的，懂得如何彌補裂縫比較重要。

現代人重要人生階段發生的年紀越來越晚，也因此讓朋友之間的狀態越來越懸殊。異性戀英國女性平均結婚年齡為三十五歲，新手媽媽的平均年齡為二十九歲，並有持續上升的跡象。因此，當你的朋友在二十四歲時決定結婚，或者在二十六歲時生了小孩，這便會成為一件很重大的事。她們的選擇讓她們和朋友產生距離，也常常因此在過程中產生友誼裂縫。

我們大多數人第一次面臨這種情況，通常是某個朋友談戀愛，或者我們自己談戀愛時，羅賓．鄧巴說道，談戀愛會讓你失去兩個朋友，因為你的新伴侶正安穩地待在你的小圈圈裡，這表示某人必須讓位，某些人在你心中的優先順序便會往下掉。他補充道：「這是因為時間是友誼的基礎，當你將時間投注在新戀情上，你能分給其他人的時間就更少。」

這也是葛莉塔．潔薇（Greta Gerwig）二〇一三年的電影《紐約哈哈哈》（Frances Ha）所呈現的主題，兩名女性朋友中只要其中一人交男朋友，另一位就會產生被取代的感受，隨著我們進入人生下一個階段，我們的友誼也會改變。當閨密蘇菲告訴法蘭西斯自己談戀愛了，法蘭西斯說道：「如果你在去熟食店的路上遇到了奇怪的事，你只會告訴一個人，那個人就是派區，而我永遠都不會知道你發生了什麼事。」

「我二十幾歲時和我的朋友很親密，我以前常常開玩笑說，我去見女性朋友時都會噴香水、塗口紅，但我和男友在一起時，只會穿運動褲也不會剃腋毛。」《焦慮的那些年》（The Panic Years）的作者奈爾．費里澤（Nell Frizzell）這麼說道，「我和閨密會去度假，在陽台邊喝著氣泡酒，這是我和伴侶不會一起做的事，而現在這些親密情感都被另一個人接收……我知道愛不是有限的資源，但時間是有限的。過去有一段時間，朋友都在我優先順序的最上位，但她們後來不是有伴侶就是有小孩，他們在朋友心中的優先順序都變得比我高，最後就演變成時間和優先順序的抉擇，你的順位很自然地就越來越後面，我覺得這件事很令人難過。

無庸置疑，小孩絕對是對友誼裡最大的影響之一，突然之間，你們的友誼出現了一條史上最大的裂縫，我指的不是產道打開的缺口。畢竟，對女性而言，不管在哪個年紀，小孩來的永遠都不是時候，「太年輕」就懷孕，你會被迫犧牲你的教育、事業和青春，「太晚」還沒懷孕，你就好像是一個自私、過度疲憊、卵子快凋零的老年人。難怪當朋友決定要生小孩時，我們的感受會如此五味雜陳。

「當你第一次告訴別人你懷孕時，你心想：『天啊，大家現在還會生小孩嗎？我已經準備好了嗎？』」奈爾說道，「突然之間，過去別人口中的話題都變成生命中很重要的課題，這可能發生在任何時候：升職、養狗，我們都會遇到。」

我二十六歲時，有個和我同齡朋友的結婚又懷孕，我當時就有這樣的感受，我無法理解，我們在此之前都在享樂，結婚生子不就是和享樂背道而馳嗎？我們還有機會一起在晚上出去玩嗎？

我認為那些早就做出不一樣決定的人和朋友之間的友誼裂縫，很大一部分是起因於她們不僅在自己的生活裡投下手榴彈，還影響了朋友對自己往後生活的想像。

你想和她們一起去的所有冒險，現在看起來越來越不可能，或者如同奈爾形容的：「他們好像在沒告知你的情況下，就拿走你的金融卡。」如果銀行接受這樣的客訴電話就好了。

我記得我在朋友宣布這個重大消息後沒多久去拜訪她，很興奮地希望聽她告訴我所有細節，她知道我青春期所有痛苦的經歷，所以我們應該很自然地就聊到她如何懷孕這件事。但等我到她家時，我卻無法跟她單獨說上話，她的先生不懂我需要和她單獨談話，談談和她有關的事，以及他們到底是在哪一次做愛之後中獎。我提議出門走走，並希望她先生聽得懂這個暗示，但他沒聽懂，所以我們就三個人一起在酒吧喝酒，最後，我只有兩分鐘的時間能和她獨處，這個壓力太大了，我總不可能在一間高級酒吧裡直接問她：「你們到底做了幾次才中獎？」

我在她心中的地位下滑了，我並沒有加倍努力，試圖避免我們之間的裂縫擴大，如果我有這麼做就好了，但我只是看著這段友誼逐漸消逝。她太忙了，我感覺自己被排除在外，我當時不像現在這麼瞭解友誼裂縫，也不懂得情緒起伏不一定要這麼大，我就這樣失去了一個親密好友，只因為她生活裡一個快樂的改變。

隨著時間過去，這種友誼裂縫會不斷在生活中出現，有點像是打地鼠，隨著婚禮、入住派對、懷孕這類的事情開始在你生活中層出不窮，到最後，那些還沒走上這條路的人，在你看來都好像大有成就了。你感覺自己就像異類：你是所有朋友中還有「好笑」約會故事可以說的人，你參加完婚禮、受洗，或者到你朋友漂亮的老家參加生日派對後，獨自回到自己的租屋處，或多或少都會產生這樣的感覺，即便你們的友誼基礎不變，但實際上卻可能會出現許多難以克服的難題。

當你認為某個朋友在批評你，友誼裂縫就會產生，他們心中優先順序的改變，好像就是對你的選擇做出某種評斷，只因為你選擇的下一步和朋友不一樣，你的生活就好像因此罩上了一層陰霾，相較於他們正面積極的下一步，你的下一步好像就是負面的。我記得某個朋友生完小孩後，眨眼暗示我很快就會是下一個了，我認為她當時其實想要說服自己，我們友誼的「不平衡」不會持續太久，但是這會讓我感覺，如果我沒有準備和她走上同一條路，我就會讓她失望。

你的朋友很有可能也不會評斷你或者讓你難過，你的腦海中出現一道友誼裂縫的同時，她的腦海裡可能也出現了一道友誼裂縫，她甚至也可能想要你擁有的事物，但要大方地聊這件事還是很困難。例如，當你在朋友才剛生產完，就要向她承認你覺得自己被冷落了，這麼做的結果可能不會太好，嫉妒一個新生兒會給人不太好的印象。

其實，對我來說，最難跨越的是我和那些「家長朋友」之間的友誼裂縫，當我朋友說到他們在國家生育信託基金會（National Childbirth Trust, NCT）認識的朋友或放學時認識的媽媽，我有時也會覺得被冷落，我會告訴自己我不是個糟糕的人，藉此合理化我的想法，她們只是需要某個人在半夜一點，聽她們抱怨自己必須幫另一個人類清理排泄物。

然而，著有《身兼多職的母親》（The Mother of All Jobs）的克莉斯汀・阿姆斯壯（Christine Armstrong）表示，我們不該認為媽媽們之間的友誼只是順便而已，「母親的身份是許多女性友誼的基礎，這些女性友誼也不只是流於表面，」她說道，「凌晨三點起床餵小孩、小孩拉肚子、辨認小孩的特殊需求或者看著小孩從樹上掉下來，在這些混亂的情況下，她們建立起了一輩子的友誼。某些女性受訪者告訴我，以前的老同學因為對她們的重要性下降而被取代，她們現在擁有的朋友都和她們現在的身份有關，而不再和年輕的她們有關。」

天啊，我希望我有小孩的朋友大多數都不會這麼想。當然，這其中也有一些因為缺乏同理心造成的裂縫：當你沒有直接面對這些事，你真的很難瞭解晚上還要起床餵小孩是什麼感受，但這並不表示我不在乎，根據我的經驗，如果你們兩人都能適應，那就沒人需要被取代，重點是你們都要接受一切都改變了，這表示你要收起你的自我，意識到會有好一陣子，你的慶生晚餐不是朋友行事曆上最重要的事，雖然他們小孩的生日可能會是你行事曆上最重要的事。

「當我有了小孩，我就不可能還像以前一樣，試著保持不變讓我精疲力盡、感到生氣。」奈爾・費里澤說道，「如果回到過去，我可以試著對朋友說：『我可能無法參加你的派對，但我不會因此而感到慚愧，我還是可以在小孩小睡時打給你，如果你剛好來訪，我還是可以做晚餐給你吃，但一切都會和以前不一樣，幾年後又會再次改變。』」

你還需要接受另一件很重要的事，那就是這些媽媽朋友很可能不會永遠不見。就像你可能會等待一個正在談戀愛的朋友，偶爾離開一下自己的情人來找你（或者等一個朋友寫完一本書後結束閉關），一個正在家長地獄裡受難的人也會需要相同的耐心。

她們甚至也可能面對不同的友誼裂縫，如同奈爾發現國家生育信託基金會準爸媽團體中的朋友都比她富有，「我們都會去彼此的家裡拜訪，但我就盡可能拖延別人來我們家的時間，因為我覺得很丟臉。」她說道，「當她們真的來我家拜訪時，她們人都很好，我很緊張地準備了一堆奇怪的零食，但基本上都沒什麼事。我還記得我當時心想：『現在發生什麼事？我不太在意金錢，但我很擔心這些人會可憐我、厭惡我，或者在我背後說壞話。』我們之間的財力不平等讓我感到自卑、被批判、不安和不舒服，這真的是我的問題，我不知道除了心理治療以外還有什麼其他辦法，讓我不會再因為看到別人不一樣的生活，就開始大肆批評自己。」

潘朵拉．塞克斯告訴我，她花了一點時間才知道怎樣讓她的兩個身份可以和平相處：身為朋友和身為家長，「和一個沒有小孩的朋友相處，不一定要犧牲你們的友誼，」她說道，「你可能不會受邀參加每一場聚會，你多少會因此有點受傷，有時你可能已經準備好在禮拜五晚上出去玩，但你朋友因為替你著想，覺得這種聚會已經不適合你，所以她們就沒有邀你。這種溝通上的誤會很常見，你怎麼反應或處理才是關鍵。」

到了某個年紀，生育的話題就像我們生活裡的未爆彈，某些人會很辛苦地嘗試受孕，另外一些人則會很興奮地說她們的胎兒的大小現在像什麼水果（芒果！酪梨！）有些女性告訴我，她們會避免將懷孕的消息發布在社群媒體上，因為她們知道有些朋友為了生育的問題苦惱許久，我看過某些試著受孕的朋友默默地疏離有小孩的朋友，因為這好像會不斷讓她們意識到自己沒有小孩的事實。

知道你朋友也正經歷相同的困難不一定對友誼有幫助，如同艾瑪．巴奈特所說：「當你面臨生育問題，年長一點和年輕一點的女性就是你最好的朋友，你基本上會想要避開任何三十到四十歲、子宮可能還有用的人，因為她們可能會突然說：『我懷孕了』或者『我也還在努力』，我可能兩種答案都不想聽到。」

這是很私人也很難處理得很周全的事情，因為你可能會同時傷害兩邊的人。工黨國會議員潔絲・菲利普斯說，當她年紀輕輕就有了小孩，她「失去很多朋友」，「當我二十二歲就有了小孩時，我發現我生活裡的朋友變得非常少，而我後來會找到這群新朋友，也是因為她們都有小孩。」她解釋道。

現在換成她幫自己的閨密面對生育造成的友誼裂縫，她也在試著生小孩，「我很懂她的心情，因為我們所有人都有一些可以分享的經驗，不管是在友誼進展到哪裡，不管我們決定要不要有小孩、有過小孩、流產或墮胎，我們都有一些知識和親身經歷可以分享。」潔絲說道，「但獨自面對經歷體外人工受精這件事，我們真的都沒經驗，當我們發現我們幫不了她，那種感覺很難受。我們友情的基礎很大一部分是建立在糟糕的男朋友上，我們過去都很窮，也有相似的經驗。當你的女性朋友不知道該說什麼才好，這會讓你感到很孤單。」

「我們當時大吵一架，但是錯不在她，絕對是我的問題，我真的不知道怎麼處理這種狀況。」她承認道。

「我發現女性無法向沒有相同經歷的人解釋什麼才是最重要的，這件事很困難也很危險。所以我才會說：『能不能生育並不是身為女性最重要的事。』如果你能生育的話很棒，說起來很容易對吧？然而，面對一個覺得自己很失敗的女性，或者認為她們得不到她們所想的女性，卻不能說出這種話。我後來才懂得這個道理，如果她後來成功受孕，她會獲得和我們一樣的經驗，我們會一起說：『你知道嗎？懷孕超爛的。』」

✿

五十七歲的心理治療師裘蒂．戴（Jody Day）完全理解什麼叫做無法同理你朋友的共同經驗，她經營了一個名叫《女性出口》（Gateway Women）的民間組織，全力支持無法生育或選擇不生育的女性，她因為無法生育所經歷的友誼裂縫改變了她的成年生活。

「我算是朋友圈裡比較早結婚的，」裘蒂告訴我，「但我們結婚幾年後才開始試著懷孕，當時其他人都有小孩了，我從來不覺得有任何理由導致我無法懷孕，所以我一直不願意面對，即便我的婚姻在生子的壓力下破滅，我一直要到四十四歲才驚覺自己已經來不及了。」

「那時我的友誼關係開始改變，我有點難跟上朋友的腳步，但我受夠了，我想像有天她們的孩子會成為我孩子的玩伴，我承受著這樣的情緒負擔，因為我也曾夢想當媽媽。」

當她接受了她不會有自己的小孩的事實，裘蒂說，她的朋友都不願提起或聊起這件事，反倒提出許多不可行的解方和建議。「我開始瞭解，只剩下我還在努力維繫我們的友誼，但我再也無法這麼做了。我當時很痛苦，所以我算是有意識地做了個實驗，我不想再付出這麼多情緒勞動，但我好像瞬間被全世界孤立。」她說道，「我好像因為朋友生小孩而失去了整個社交圈，我將其稱之為#友誼末日，我現在知道這個現象非常普遍，但當時的我只是以為自己是個壞朋友，我完全覺得自己被拋棄了。」

她補充道，她的朋友對她的生活有一些幻想，「因為我沒有孩子，她們就認為我現在四十幾歲單身、沒有小孩的生活，和我們二十幾歲單身、沒有小孩的生活一樣，她們認為我過得很快樂，她們可能也沒想到，我可能也會感到孤單。我們之間有太多事情沒說清楚，這也導致了我們的友誼出現分歧，但也可能是我們從小就被灌輸女性友誼可以戰勝一切的觀念，這個觀念已經根深蒂固了，所以我們才不知道要怎麼談這些事。」她說道，「如果我們當時有好好把話說開，我可能就有機會挽救幾段友誼。」

我們必須接受自己無法輕易和朋友聊這些難以啟齒的話題，如果很容易的話，友誼裂縫就不會存在了，重點是要傾聽：對我而言，當你自以為知道朋友面對特定情況時的想法和感受，就會出現問題。裘蒂的朋友以為她想要一些建議，讓她知道還可以透過什麼方式擁有小孩，但她真正想要的是朋友看見她的悲傷，「不然我的小孩送你」或「你好幸運可以睡到自然醒」這類的話語只會加深友誼的裂縫，因為她的朋友並沒有給她空間，讓她坦然地說出自己的感受，雖然她的朋友有試著同理她的狀況，但事實上，這樣只會讓她覺得自己好像無法說出心裡真正的感受。當她終於鼓起勇氣問她的朋友，為什麼她們都沒有邀請她參加某些聚會，朋友告訴她，她們是避免讓她陷入那些「無聊的媽媽經」或沒有小孩的痛苦，這樣真的有比無緣無故被冷落來得好嗎？

展開這些對話的技巧在於保持好奇心，多多詢問你朋友問題，而不是引導她們往一個特定的話題，仔細聆聽，在你瞭解她們真正的感受前不要急著插話，如同裘蒂說的：「不論你想說什麼都先忍住，也許你可以先拋出一個開放式的問題。」

結婚生子可能是最容易造成友誼裂縫的兩大原因，任何年紀的人可能都會遇到。「我小時候最親密的兩個朋友都是來自中產階級家庭，」一名三十幾歲的女性這樣告訴我，「她們擁有許多我非常想要的東西，從玩具、度假到生日派對，這兩段友誼都因為我們家庭背景落差而受到影響。我家是缺錢的傳統工人階級，這讓我無法隨心所欲地和閨密一起做她們想做的事，我的學校位於鎮上比較有錢的地區，同學都來自生活寬裕的中產階級，這也讓我因此感到孤單。」

九十二歲的奧黛莉．拉瑪廷－德福里茲（Audrey Lamontagne-Defriez）說道，逐漸消逝的健康也讓她和一名老友之間產成友誼裂縫，儘管她們從一九五五年認識到現在。

「我們一起經歷過生命中的高低潮，也失聯過一陣子，那時候我到處流浪，但只要我每次一出現，我們就會見面。」奧黛莉說道。「但現在，天啊，她幾乎每兩天就會打電話給我，有時我很害怕接她的電話，因為她已經聽不到了，所以我們常常會說一些沒頭沒尾的話，例如：她鄰居的岳母，一個我不認識也沒必要認識的人，我們的通話幾乎淪為她的獨白，她也不聽我說的話，可能也是因為她真的聽不到。」

也許在結婚成家初期，最能衝擊一段女性友誼的原因是離婚，這對任何人來說都是生命中最悲傷的事之一，在這種時候，你會比以往都希望有朋友依靠。然而，許多女性都說，她們經歷離婚的同時也都有失去了朋友，根據受訪者的不同，比例從百分之十到百分之四十都有，其中的原因對心理學家來說再明顯不過：離婚的女性可能會被視為威脅，在所有人都有伴的情況下，只有你單身，她們可能也同時是你和你伴侶的朋友，所以她們會認為自己必須選邊站，或者可能只是單純出於恐懼，畢竟，這種事會發生在你身上，也可能發生在她們身上，她們也不完全是錯的。「離婚群聚效應」理論已經被學界證實，一份美國研究[25]顯示，如果你身邊親近的人離婚，你離婚的機率便會增加百分之七十五。

「離婚是一件很殘酷的事，你的生活會天翻地覆到你不敢相信的程度，」友誼專家莉茲．普萊爾説道，「你的先生可能會帶你認識一些人，你和這些人可能會變得特別親密，不管離婚的狀況如何，他們好像都會對你先生有著説不出的忠誠感：他瞭解他們，但你不瞭解。這些年來，許多人都讓我感到十分親近，但時至今日，我卻覺得看到他們有點尷尬。」

「我是（朋友圈裡）第一個離婚的，這真的很困難。」珍．加維説道，「我很快就發現會陪在你身邊的有哪些人，哪些朋友會一直在你身邊，哪些人可能對你本人不感興趣，但卻因為一些其他原因而待在你身邊。」

經歷分手或離婚時，本來就很難處理共同朋友的問題，有些人可能會覺得自己需要選邊站，有些人則是選擇靜靜地離開以避免衝突，或者他們其實從一開始就沒那麼看好你們。但讓我最驚訝的是，許多女性告訴我，她們生命中許多長久的友誼，甚至是比她的婚姻還長久的友誼，隨著與伴侶分手之後也結束了。

一名不具名的女性和她某位認識很久的朋友之間，就是因為這樣而意外出現一道友誼裂縫。

「某天吃早餐時，我先生告訴我一件他藏了很久的事，這件事也讓我們二十二年的婚姻劃下句點。」她説道，「我完全沒料到這件事會發生，在此之前，我們一直都是那種婚姻美滿到有點討人厭的夫妻，許多朋友都很嫉妒我們美滿的婚姻。剛離婚前幾週，我很掙扎要不要告訴我的朋友，但我選擇先告訴我的互助團體，向陌生人坦承還是比較容易一點，因為她們不會認為這是我炫耀美滿婚姻的報應。」

「後來我鼓起勇氣告訴我其中一個老朋友，她人非常好，我們是同鄉，我從一開始就告訴她，我還不想讓家鄉的人知道，我希望能在別人知道我的事情之前，先消化一下自己的悲傷。某天晚上，她很驚慌地打電話給我，她說她和我們另一個同鄉好友聊天時，不小心說溜嘴了，我深深地感受到被背叛，也開始回想這些年來我一直說服自己忽略的危險訊號。我的另外一個朋友則是因為我沒告訴她離婚的事而感到失望，因為她認為我不信任她，讓我最訝異的是，在我人生中最低潮的時候，我最親近的朋友還是只想到自己。」

她現在已經刻意疏遠那些老朋友，儘管還是會有一點罪惡感，更讓她驚訝的是，「我從沒想過會伸出援手的朋友反倒主動聯絡幫忙，提議幫我帶小孩、約我出門走走或者傳訊息安慰我。」

莉茲·普萊爾也發現，即便離婚可能會造成不少友誼裂縫，但也可能幫助你結交新朋友，「離婚帶來的其中一個好處是，不少人都有相似的經驗，」她說道，「這可以拉近女性之間的距離，『我懂你正在經歷的事。』」

這是女性友誼間十分強大的情感，我們很多人都能夠同理另一個女性面臨的問題，不管是因為失去親友、疾病、成癮症狀、工資不平等、性騷擾，或者其他「我也是」的經歷，悲傷也算是能產生此類連結的經歷。然而，當羅倫·里伯特（Lauren Libbert）的母親過世時，她深交超過二十年的閨密卻對她不理不睬。

「事情發生時，她正在度假，所以我理所當然地認為，她回來後會馬上和我聯絡。」羅倫說道，「但她並沒有這麼做，這真的很奇怪，當時我正好也和我先生分居，我正經歷許多人生大事，但她卻完全不聞不問。我能理解人們有時不太能接受死亡或者怕尷尬，但她自己幾年前也才送走父親，所以這讓我更加震驚。」

「她度假回來後幾週，我在逛街時巧遇她，我還記得她的狀態看起來很好，曬了一身小麥色，身上帶著黃金珠寶，她只對我說『嗨』，那種感覺真的很奇怪。」

那次偶遇後，羅倫的朋友試著聯絡她並說服她見面，大約六個月後在一間咖啡廳裡，她們後來確實也見面了，「我當時很緊張，好像要見前男友之一樣，」羅倫說道，「她向我道歉，我們當時有機會好好談一談，但我沒有讓她這麼做，因為我已經放下了。我覺得她已經不再是我想像中的那個人或朋友，我沒辦法填補我和她之間的裂縫，就好像被伴侶背叛一樣，你該如何找回信任感呢？」

羅倫的經驗反映出我們對朋友有多少期望，我們會忽視她們某些時候因為生活太忙碌、太多事要做，忘記幫我們慶生或臨時取消午餐邀約，但只要遇到一些大的人生里程碑，不管是開心或難過的事，我總希望她們陪我們一起度過，放下一切跑到我們身邊，當她們沒這麼做時呢？我們會開始不相信友誼，因為我們以為我們的友誼是奠基於相互支持之上，我們可以自在地聯絡彼此，告訴對方我們需要抱怨老闆，或者聊聊感情問題，這讓我們質疑自己認知裡的友誼，並且很容易感覺被忽視、背叛或者難過。

即將成為人母的希望落空也是另一種悲傷，我的朋友瑪莉第一次懷孕時流產，她失去了她的孩子藍尼。幾週前，當我和提姆從蜜月假期回到家中，她曾傳訊息告訴我她懷孕了，這是史上最開心的消息，我回覆道：「太棒了，好想趕快聽你說所有細節。」

她住在國外，我們透過電話聊了幾天，某天，她異常安靜，當她再傳訊息給我時，我十分震驚，「我們禮拜五照完超音波後，得知了一些令人難過的消息，我們想要獨處一陣子，花一點時間與彼此以及我們的家人相處。」她寫道：「愛你。」

那是一個風和日麗的星期六下午，我才剛和一個朋友在水晶宮喝完咖啡，走進花店準備買一些球莖回家，一切都好像充滿希望，但又美好到有點不真時。我就像《新娘百分百》（Notting Hill）裡的休．葛蘭（Hugh Grant）走過四季變換，脱掉外套、一手勾著外套披在肩上，走進陽光裡迎接夏天。

我在人行道中間停下腳步，跌坐在超市外面一張壞掉的長椅上，任由週末出外採買的人們從我身旁走過，我感到喘不過氣來，我無法接受這樣的事實，她正在受苦，我最好的朋友正身陷入無法想像的痛苦，而我卻聯絡不到她。我感覺一道裂縫在我倆之間浮現，在我想要幫助和安慰她的心情，以及她很體貼地想要自己處理情緒的想法之間。

我感覺自己很沒用，非常沒用，所以我傳了訊息給她，告訴她我並沒有期待她回覆，我只是想傳送一些親親、貓的照片以及「正在想著你」等訊息，她可以等心情準備好了再回覆我，不要有壓力，我當時不確定這麼做是不是對的，但我無法繼續保持沉默。

幾天後，四月一個陽光明媚的下午，我朋友和她先生向他們的孩子說再見。

「我們很幸運能成為他的父母。」瑪莉傳訊息說道。

「我們會永遠記得他的。」我向她承諾。

「我無法形容這對我的意義有多大。」她回覆道。

後來，我寄給她一些書，一些可以讓她笑出來的書，一些能帶她到某個遙遠國度的書，我打電話給她。幾週後，某個週末，我飛去找她並告訴她我愛她，這或許是我們認識二十年來頭一遭，但我是非常真心的。

「失去藍尼這件事以不同方式影響了我的友誼，」瑪莉說道，當我問起她那段黑暗的日子，「事情發生後，當我第一次在酒吧和一些朋友見面，他們並沒有當著我的面說什麼，儘管他們當時已經傳訊息關心過我了。」

「這真的讓我有點錯愕，特別是那些也曾失去過親人的朋友，我以為他們可能會把我拉到一邊說話，我對那些朋友感到有點失望，從那時起，我們之間出現了更大的裂縫，我們都是無意的，但裂縫卻不斷擴大。」

「另外一些朋友卻因為這件事和我變得更親近，那些不會避諱談論藍尼的朋友，對我而言，他們讓我覺得自己和藍尼有更多的連結，她們在我心中的地位也變得比以往更重要。因為藍尼，我也交了新朋友，和我媽媽的某些朋友也更親近。」

最近，瑪莉在她的新家花了一整個下午，在藍尼的紀念樹下種了一些花，還和鄰居聊到這些花的特殊意義。隔天，瑪莉回到樹旁邊發現，晚上有人在樹旁多種了一些植栽，等她下一次去澆水時，她發現有人已經澆過了。

我們都同意，如果你願意打開眼睛仔細尋找，朋友無所不在。

我還想說另一件會造成友誼裂縫的事。我爸爸的家族是猶太血統，所以我算是半個猶太人，長大的過程裡，我們慶祝逾越節、復活節、光明節和聖誕節時，總有許多食物和禮物。長大後，我無法告訴你我上次進到猶太會堂是什麼時候，而且我超愛吃培根，但我很清楚我祖父的父母和手足都在戰爭中喪生，我的猶太姓氏非常普遍，人們總會誤以為他們很瞭解我的信仰。

大學時期的某天早上，我一如往常地走進英文系圖書館準備找個位子，心裡暗自焦慮地假裝寫論文，我沿著書架往前走，隨後找到了一個空位，旁邊剛好是校刊社的朋友，她頭也不抬地就說：「克萊兒，我就知道是你，我遠遠就看到你大大的猶太鼻子。」

我坐下後，不知道該說什麼才好，我感覺很無助也很震驚，我把她當朋友，所以當下我不知道該怎麼回話，這種傷人的偏見和刻板印象會造成無法彌補的裂縫。這讓我感覺好像回到高中歷史課，我的老師當著全班的面對我說：「克萊兒，你是猶太人，你來和我們說說大屠殺。」我當時也是說不出話。

但我不是要列出我所遇過的反猶太經驗，但想想這些經驗與這本書的關連，我不禁反問我自己，我是否關心過朋友被歧視的經驗，我不是想知道誰比較慘，仇恨是沒有階級的，每當我回想起這段故事，我理解到我的朋友可能也想聊聊這類痛苦的經驗，但我們卻不常提起這類的故事。如果你認為友誼在學界極度受到輕忽，在影視作品裡的形象很平面，那麼請想想同性和異性之間的友誼，或著不同種族之間的友誼。

我朋友瓊恩的媽媽是黑人，爸爸是白人，她告訴我因為「黑人的命也是命」的倡議運動，讓她重新檢視自己的友誼。

「我有過很多不好的經驗，每當我試著解釋某些事情對我和我的白人朋友來說就是不一樣，人們通常都不太重視，直到黑人的命也是命興起後才有所改變。」她說道，「我曾告訴一個朋友，你很少會看到社會上有權有勢的黑人女性留著黑人天然的髮型。」因為爆炸頭很容易被視為不專業，所以如果我沒有整理頭髮就去面試，我會覺得自己好像因此處於劣勢，我的朋友完全不覺得這會是個問題，她只說她也一樣，她也不會不洗或不整理頭髮就去面試，但她不瞭解這兩者之間的差別，我也不想多做解釋。如果我和朋友在其他事情上意見分歧，我通常都可以有自信地說出我的見解，但種族一直是我過不了的關卡，可能是因為這個議題會直接影響我的友誼。

對我而言，最沮喪的是我們缺乏這類對話需要的詞彙和意識，瓊恩承認，無法在友情裡坦承一切這件事，讓她感到很孤單。

「我在感情關係裡也因為種族而遇到一些問題，這表示當我的愛情不順時，我也很難清楚告訴我朋友究竟哪裡出了問題。最近我才和幾個親近的朋友聊到這件事，她們很驚訝我居然獨自面對了這麼多事，她們過去只是認為，相較於其他朋友，我不需要那麼多支持，她們現在很難過，因為她們過去沒辦法在我需要的時候全力支持我。」

「黑人的命也是命的倡議活動興起之後，很多人很好奇我是怎麼想的，」她補充道，「如果我的朋友想知道，我很願意幫忙，但數量多到我有點招架不住。有些人不理解，身為白人，你可以看著歷史記錄影片而感到很可怕，但這些歷史與你個人並沒有太大的關係，它們不會在你腦中不斷回放。對我來說，找到和朋友談論這些事的方法很困難，我不希望她們停止問我問題，但我偶爾也會感覺很累。雖然某些人的態度可以再放尊重一點，但我沒有因此和任何人鬧翻，我只是選擇避開她們，直到黑人的命也是命退燒。」

瓊恩的一番話點出了友誼裡可能會出現的情緒勞動，某一方要不是一直不把對方的經歷當一回事，就是不斷希望對方能教育她們，卻忽視其中可能需要付出的勞動。

安・傅利曼（Ann Friedman）和艾米娜托・蘇（Aminatou Sow）在《我們是真正的朋友》（Big Friendship）中寫道：「當一段跨種族的友誼裡有一方是白人，非白人的一方很可能經歷被淘空的感受，但白人朋友卻可以『學習新知。』」

三十三歲的艾比・奈許（Abbie Naish）從她的異性戀朋友身上也感受到相同的「學習落差」，她常常被問道，她和女友都在床上做什麼，她回想起某次姐妹聚會時，所有人輪流質問她女同性戀怎麼做愛。

「有些事情某些人就是不瞭解」，她說道，「當我和某人才剛約會沒多久，我所有的異性戀朋友都會說：『如果她真的喜歡你，她就會採取行動，你不要表現得太熱情。』其實，她們這種舉動可能會傷害我的自信心，我想她們應該沒有意識到這點，但這麼想有點悲觀。問題是，她們給我的意見，和她們給其他異性戀朋友的意見一樣，雖然我確實應該也要採取一些行動，我愛我的朋友，沒有她們我不知道該怎麼辦，但她們真的不太瞭解我的狀況。」

約會和感情建議算是女性友誼的核心，但許多女性告訴我，這反而導致友誼產生裂縫。有人認為她好友的老公是個惡霸，有人和她的女同志朋友失聯，因為她們無法接受她的伴侶不出櫃。如果你很保護朋友，而且你看著她感情的發展就好像看著車禍慢動作發生，你很難不說點什麼，即便你知道這可能會導致你們之間的裂縫，或者讓她處於危險之中。

「我曾告訴我朋友的伴侶我對他的看法，」我的朋友莎兒說道，「他當時堅持將他和我朋友的戀情保密，可能是因為他父母的宗教，但我總感覺這對我朋友不太尊重，我知道她因為這件事不太開心，一直到我朋友懷孕，他才介紹她給他的家人認識。接著，他安排了一個新生兒驚喜派對，但我發現他不打算邀請我們其中一個好朋友，我問他可否邀請這個朋友來派對，他拒絕了，言下之意是他不認同她的生活方式，所以我很衝動地寫了一封郵件，信裡大致上在控訴他的控制欲太強，信件內容雖然不是太糟糕，但是很直接。新生兒派對還是照常舉行，我以為一切都沒事了。沒想到，當我在寶寶出生後打算去拜訪我朋友，卻被她拒絕了。我朋友在這種脆弱的時刻，還得處理朋友和丈夫之間的問題，所以我決定不再堅持，我們現在還是好友，但這件事徹底改變了我們的友誼。」

另一名受訪者七十七歲的茱蒂也分享了類似的故事，我在一個陰天透過電話聯繫到她，她告訴我她有個朋友，她們從很小就認識，也一起度過許多假期，這名好友曾大聲指控他先生糟糕的行為，這導致了她們的友誼出現了巨大的裂縫。

「我們當時都結婚了，我和先生、小孩去她家過夜，」茱蒂說道，「我先生的控制欲極強，很不願意去她家作客，所以情況變得很糟糕，因為他大多數時間都不說話、態度又很糟糕，我朋友和她先生嘗試和他溝通，說服他態度放軟，但事情越變越糟，最後，她淚眼汪汪地問我為什麼嫁給他，我感到很受傷又很丟臉，我和這位摯友的友誼好像到這裡結束了。我們後來提早離開，儘管我寫了一封道歉信給她，但我們的友誼還是破裂了，此後很多年我們都沒有聯絡，這讓我十分難過，但我理解她覺得這段友誼很難繼續下去：我和一個很糟糕的人在一起，但相較之下，和我朋友絕交好像比較容易一點。」

這個故事很令人難過，茱蒂的好友盡了她的義務，當她知道好友還想繼續維持這段婚姻，她覺得她應該放手，可能是因為感覺無助、擔心，再加上自己的意見遭到拒絕，這些感受最終都可能變成怨念。

三十七歲的依絲特（Esther）對她一位摯友也有相同的感受，她們從二十歲到三十歲都住在一起，這位姐妹當時和一名同事交往，「一年後，他搬去和她同居，從那天起，他幾乎就是一場惡夢。」依絲特說道：「他不喜歡她花時間和別人相處，她的穿著越來越保守，因為他不希望她穿太合身的衣服。當他求婚時，他們已經幾乎快分手了，他們一起計畫了婚禮，但他最後還是悔婚了，因為他認為她『太邋遢』，他無法『改造她』。後來，他們復合後很快就結婚了，生了兩個小孩，搬到離家人和朋友很遠的地方。當我想見她時，我不能待在他們房子裡，他也不想讓她來拜訪我。」

「我曾嘗試著想讓她說出心裡話，但她卻總是幫他說話，我們的友誼逐漸淡去，當她離開時我很生氣。去年夏天，事情出現轉機，她打電話向我坦承，她先生有暴力傾向，她說她想要離婚，我很開心我們能夠再次敞開心胸地聊天，我的老朋友回來了，可惜的是，她並沒有離婚，但我現在知道她處在一個很艱難的狀態，不管怎樣，我能做的只有等在她身邊，在她需要時提供協助。」

友誼裂縫可以慢慢彌補、女性友誼可以和好如初，這個想法很有力量，情況不一定會像依絲特的經歷一樣糟，有時候只要簡單地重新調整彼此的狀態，友誼就能回到正軌，當然，你們的生活形態越相似，就越有機會彌補友誼裂縫，可能你們的經濟狀態變得相似，或者孩子都去上學了。重要的是，要知道當你的生活再次發生改變，友誼裂縫可能有機會變小，朋友們有機會再次面對彼此，跨越裂縫、找到一個平衡點。

有時，一段坦然的對話就夠了。記得茱蒂嗎？她在和控制狂老公拜訪童年老友後，她的友誼也結束了，但她的故事還沒結束。「約莫過了十四年以後，我離婚了，而且決定把我的朋友找回來。她後來搬家了，但我查到她的地址和電話，我沒想太多就打電話給她，她很高興，我們講了一個小時的電話。我們要重拾友誼不難，我們之後也繼續保持聯絡，我們在彼此的成長過程中扮演了很重要的角色，我們一起經歷過的時光是人生中很難忘、很有意義的部分。」

這個故事安慰了我，它讓我知道友情變淡或暫時停止都是沒關係的，你們可能會有機會復合，儘管可能不像茱蒂的故事那樣，一切都需要耐心、互相理解和務實的態度，等到你們的生活再次產生交集，或者接受你們的生活永遠不會有交集，但尋找另外的方式復合。

「我很感謝我那些單身、沒孩子的朋友，我可以告訴她們我很難說出口的事以及我的後悔」，奈爾．費里澤說道，「我覺得能和那些不像一般人選擇結婚的朋友聊天是一件很棒的事，我可以跟她們說：『天啊！我到底在做什麼？』他們會看著我說：『天啊！我到底在做什麼？』」

「我也有一些朋友，我們可能疏遠了一陣子，但她們現在懷孕或生子，我發現我們之間有了新的話題，我不是要說你只能和完全相似的人當朋友，這樣也有點變態，但我認為，如果你擔心一切會變調或朋友都離你而去，一切都可能只是暫時的。」

看著友誼並大聲承認一切不復以往真的很困難，有時甚至連你自己也不願接受，但如果我們能接受這是很常發生的事，那我們或許也能相信事情不會永遠都是這樣，即便一段持續多年的友誼裂縫，也可能只是以某種方式延續友誼，不一定是一刀兩斷。

如果裂縫無法彌補呢？我們的錯誤可能會讓我們蛻變成更好的朋友，如果你在第一個朋友生小孩時，沒有弄清楚新手父母需要的是什麼，或者沒有好好處理朋友的悲傷情緒，這並不代表你下次會再犯同樣的錯誤。

意外交到的朋友

迷思：你最親近的朋友會和你一模一樣

「她們一開始是死對頭，但最後卻變成閨密。」

多少影視作品的介紹詞可以使用這句話？二〇二〇年，熱門新聞網（BuzzFeed）列出了二十二段電視影集裡最意外的友誼，其中所有例子幾乎都可以用這句話概括，「她們一開始是競爭關係，後來卻變成真正的朋友。」（奇異果女孩〔Gilmore Girls〕）、「她們一開始甚至互看不順眼……最後卻成了彼此的伴娘，以及彼此小孩的教母。」（籃球兄弟〔One Tree Hill〕）。

這些大眾文化裡對於女性友誼的刻畫是我最受不了的，情節的走向非常牽強，好像是好萊塢的編劇制訂了一套規則，讓每個角色都必須照著規則走，完全沒有空間展現真實友誼的獨特性，如果一段友誼被認為很出乎意料呢？你可以再加上一點意想不到的元素。

意外的友誼會發生的場合遠比「死對頭變閨密」的情節複雜多了，這些友誼和報紙上小豬和獅子交朋友的全版圖片一點關係也沒有，雖然我也很喜歡那些圖片。我最近在社群媒體上看到一名女性和斷翅大黃蜂的合照（她的閨「蜜」？）讓我感動到哭出來，唯一合理的解釋是我可能剛好遇到生理期。

我所說的意外好友可能是兩名年紀差距極大的女性，或有著截然不同的政治立場，抑或是來自不同的社會階級。當我所有的受訪者談到意外好友時，對她們而言，「意外」並不是負面的意思，而是代表正能量、啟發和喜悅。她們很常告訴我，這些友誼在她們生活中是獨一無二的，這些意外好友和她們已經認識或者可以聊天的朋友完全不一樣，這樣不是很棒嗎？這種友誼不值得好萊塢關注嗎？

莉茲（Liz）也給了我這樣的感覺，我們在每週一次的陶藝課上遇見彼此，陶藝課非常適合我這樣的千禧世代去搭訕一個毫無防備的嬰兒潮世代。陶藝課是我的快樂天堂。在這裡，我完全不需要想倒垃圾之類的瑣事或世界大事，我只需要專注在陶土上。我上了六年的陶藝課，從來沒有想過要交朋友，很多時候我完全不想講話，我很擔心我如果我開始和別人聊天，就會講到工作的事，但我上陶藝課就是為了不要想工作的事。

這大概是為什麼莉茲和我很長一段時間都沒說過話，儘管我們坐在同一桌，一起揉著、桿著、捏著手裡的黏土。也許她認為我只是個不負責任的年輕人，她很快就會對我失去興趣，也許我認為她太成熟，一定不會想要和我聊天，因為我偷看到她十分厲害的創作，和我那不怎麼樣的作品完全是不同等級。

陶藝是一個漸進的過程——練土、塑形、陰乾、素燒、上釉、釉燒、抱怨成品不如所想，我和莉茲的友誼也像這樣慢慢建立起來。我必須承認我們剛開始搭上話的原因很無聊，只是因為我們住得很近，所以莉茲開始載我回家，讓我省去搭火車的麻煩（沒錯，我寧可坐在一個我不認識且大我三十歲的人的車裡半小時。）

奇怪的是，我不記得我坐在她的車裡感到焦慮，根據我的記憶，我們很自然地開始聊一些生活瑣事，那種需要花一點時間熟識彼此才能達到的輕鬆談話。就像你翻開一本小說，角色的故事卻不是從頭說起，你這才發現他們的故事在書本第一頁之前就已經展開了，而且他們的故事不會因為你把書捐出去而停止。對我來說，我們的年齡差距完全是意外的好處，莉茲和我同儕一樣新潮、一樣愛罵髒話（她第一次罵髒話時，我感受到一股喜悅），她讓我知道，不論面臨什麼難題，我都可以過上自己想要的生活，她教會我永遠保持樂觀、忙碌、有創意，以及任何年紀都交得到新朋友，她教會我在上了釉下彩後，一定要將你的作品放到對的窯裡，不然會破掉。

新冠肺炎封城期間，我很想念我們同車的時光，我很想念莉茲說著她的生活點滴以及她過往瘋狂的事蹟，我很想告訴你，我也告訴她不少我自己的瘋狂故事，但事實上，我只喜歡在浴室裡泡著澡、喝著酒、聽著廣播連續劇，如果莉茲以為她交到一個比較年輕、比較酷的朋友，她應該會對我很失望。

我從來沒想過要交這樣的朋友。現今出現許多世代意見分歧的狀況，特別是在千禧世代和嬰兒潮世代之間，「酪梨土司和覺醒政治立場」對決「兩棟沒有房貸的房子以及全力支持脫歐」，過度簡化一切衍生出激起世代對立的新聞標題，但世代隔閡有時也會讓人覺得大到難以彌補，畢竟，我的世代是歷史上第一批過得比父母差的世代，因此，當我成功和年紀比我大很多或小很多的人交朋友，我似乎就會感受到更大的成就感，好像我做了什麼消弭刻板印象的正向行為。

真正令我驚訝的是，當我詢問我身邊年輕一輩的女性，她們生活中有沒有意外好友，竟然有許多女性擁有忘年之交卻從未向別人提過，她們的感受和我一樣：(1)她們完全忘記了年齡差距，以及(2)這些友誼和其他友誼不一樣，也因此在她們生活中有著特別的地位。

三十四歲的莉維雅（Livia）與我分享了她的意外好友，她身旁有一名五十歲的同事，離開慈善事業轉行當 SM 調教師，「我從她身上得到許多很棒的人生觀點，這是我在日常的朋友圈中從未聽過的。」她說道，「我很喜歡看到她的改變，她現在已經戒酒、改吃全素、戒色，並再次重新審視她的職涯，她和我人生的其他部分完全沒有連結，也不會對任何事隨便下定論，有些我從未告訴其他人的事，在她身上都能找到共通點。」

我朋友艾莉莎（Alexa）回想起某次到奧地利修養身體時，結交了一個新朋友，「我和她一起喝著花草茶、聊著腸道的事，她住在我家附近，所以我常看到她，我們還一起拖著欠佳的身體度過假期，她比我大二十三歲，所以很多看事情的觀點都和我不一樣，雖然我很少意識到我們之間的年齡差距，但當我發現她只比我母親小幾歲時，還是感覺很神奇。」

我沒有教母，但我總覺得，如果可以向一名年長的女性徵詢不同的意見，那該有多好。我現在也是別人的教母，我已經開始想像當我的教女長大一點，需要我為她的生活提供意見時會是什麼樣子，我們可以如何經營一段對雙方都有意義的友誼。

艾瑪．巴奈特有過相似的經歷，她算是很直接地觀察到女性生活。二〇二一年，她最親愛的教母琴（Jean）過世了，琴是她祖母最好的朋友，活到九十幾歲才離開人世。

「她真的是我最欣賞的那種女性，她常去曼徹斯特一間很華麗的髮廊，手上總是拿著一瓶酒。」艾瑪說道，「她非常有趣也非常獨立，但她也非常愛她的先生，她總是知道什麼時候要帶你出去走走、什麼時候要釋出善意。某次我考試考不好，她就寄給我一張上面畫著一艘船的卡片，她寫道：你隨時想『渡』過考試，我都在這裡。簡潔明瞭又貼心。我們的關係從她家廚房的桌子展開，當我學會開車後，我買了點食物，第一站就想開到她家與她分享喜悅。我成年後，幾乎每週都會打電話給她，有時甚至每週超過一次，我認為就算我和教母不是透過家人認識，我們也會成為好朋友。」

艾瑪和她以前的戲劇老師K也有著親密的友誼，但K很不幸地在新冠肺炎疫情期間喪生，因為她和艾瑪生活中其他人都沒什麼聯繫，所以當艾瑪無法聯絡到K老師時，她還必須聯絡她的母校才得知了這則傷心的消息。

「對我而言，她就是一個萬事通」，她回憶道，「我希望參與她的世界，有點像你和你最喜歡的老師一樣。」艾瑪畢業離開學校、考完學測後，K老師告訴艾瑪，下次回曼徹斯特時要請她吃午餐，「一切都是從這裡開始的，我當時覺得，天啊，我們的感情已經進化到下個階段了。」

「我們到最後幾乎是靠電話維繫感情，但我感覺在我生命中的重要時刻，我們總會說上幾句話，也許那並不是她生命中的重要時刻，畢竟，當時獲得第一份工作或結婚生子的人都不是她，她已經經歷過那些剛發生在我身上的事，而這也是你會從這種友誼中得到的好處，你可以談論你的人生，她們則能夠以過來人的經驗回覆。」

「我覺得，當我開始想經營這段關係，她應該是挺感動的，她可能也得到了某種溫暖。我認為，當她的世界越變越小，我透過我們的對話讓她的世界維持了一定的大小。有趣的是，以前我的生活重心只有學校時，她讓我的世界變大了，所以我們現在有點像是交換角色。」

雖然K告訴艾瑪可以不要稱呼她為老師，但艾瑪從未停止稱呼她為K老師，「我認為，當你交了較為年長的朋友，你們之間確實會有一些阻礙」，她說道，「我發現，相較於一些從認識以來就比較沒有階級差異的朋友，我比較不會問K這麼多私人生活的問題，和年紀較長的女性交朋友，通常是由她們選擇要告訴你多少私事，你不太知道她們的情緒地雷在哪裡，但她會是個很好的傾聽者，我發現那個世代的人很會給予簡潔有力的建議，她們不怕承認某些事情很糟，但還是會叫你堅持下去。」

奧黛莉．拉瑪廷－德福里茲和她的朋友夏綠蒂．馬薩德（Charlotte Massard）也有類似的相處模式。第一次新冠肺炎封城期間，九十二歲的奧黛莉和四十出頭的夏綠蒂，透過英國長者慈善機構的電話交友服務認識彼此，兩人一開始都沒有抱持任何期待：奧黛莉告訴我，「她甚至沒有要求要交朋友」，夏綠蒂一開始也只是想回饋社區，結果她們有很多話可以聊，她們本來每週一小時的談話，很快就拉長成三、四個小時。

奧黛莉將她們的連結歸功於夏綠蒂是法國人，這讓她回想起自己在日內瓦的那段日子，她先後任職於世界衛生組織和聯合國。「我們一拍即合，她就像我的老同事，雖然年紀甚至不到我的一半。」她解釋道。當然，這個連接不是單向的，不單只是讓奧黛莉說說以往的故事而已（雖然她的故事很棒），她們聊到了政治議題，針對二〇二〇美國大選聊得欲罷不能，也聊到了電影。她們都夢想著擁有一座城堡，「一個這麼年輕的人和一個這麼老的人可以這麼輕鬆地聊天，真的很棒。」奧黛莉說道。

最令人驚訝的是，一直到她們聊天超過一年以後，一起受廣播節目邀請談論她們的友誼，奧黛莉才知道夏綠蒂的姓氏。我也曾經交往過一個男生，他三個月後才吞吞吐吐地承認他不知道我的姓氏，但這方面奧黛莉還是略勝我一籌。

奧黛莉告訴節目主持人溫妮芙瑞．羅賓遜（Winifred Robinson），她的新朋友就像是「新鮮的空氣」，但真正引起我注意的是夏綠蒂的一番話。夏綠蒂聽到奧黛莉那個世代的人在孩提時期，如何面對倫敦大轟炸以及一九五二年的倫敦煙霧事件，夏綠蒂解釋道，奧黛莉的這些經歷讓她在新冠疫情期間仍然保有希望，這讓她覺得「一切都會過去」。

這讓我好希望自己在黑暗的封城期間，也有奧黛莉這樣的朋友。她們的友誼告訴我們，你不是只有在成長過程中才能交到朋友，你甚至不需要面對面就能交到朋友，想找到相互支持的力量還有許多好方法，有時甚至出乎意料，如同奧黛莉所說的，有時「你甚至沒有特別去找」。我也很喜歡聽夏綠蒂形容奧黛莉「只是像我一樣的倫敦單身女子」，沒有比這句話更好的提醒了。不論我們年紀多大，我們都只是在尋找一個有緣人而已，這句話可以免費讓你放在你的交友軟體檔案上。

✿

性愛其實也是許多意外友誼的核心，當你面對一個年紀比你大、比你小或遠離你生活圈的人，好像更容易開口聊性愛。我的朋友艾歐娜（Iona）告訴我，她和比她大五十三歲的鄰居變成好友，「當她大方地和我聊到性愛時，我有點驚訝，有點不自在。」她說道，「她說，和她同齡的男性對太刺激的性愛沒興趣，有興趣的男性年紀又小她很多，他們都會認為自己可以教她一兩招。」

「我知道她和我一樣都在網路上交友，但我老實說，我從未想過，她在找人一起去看戲的同時，可能也在尋找性愛對象。對我而言，她的年紀和我母親差不多大，但事實上，不管一個朋友年紀多大，他們都只是朋友，我想我應該還沒意識到，我真的可以和不同世代的人發展出真正的友誼，現在回頭看，我當時的思想太保守了。我很珍惜她的經驗，也很喜歡她和我在生命中的不同階段，但是從許多層面上來看，我們正經歷相同的事，不管你幾歲都很需要網路交友。」

吉莉．庫柏（Jilly Cooper）最意外的友誼源於對性愛的嫉妒，她開誠布公地說出自己身為年輕女性，因為已故先生里歐（Leo）的第一任妻子而產生的不安全感。她在《星期日泰晤士報》（Sunday Times）上的專欄〈身為第二任妻子〉（On Being a Second Wife）寫到自己對先生的第一任妻子黛安娜所產生的強烈嫉妒心，「想到他們一起度過的時光，嫉妒心便開始吞噬著我」，里歐見完黛安娜回家後竟然告訴吉莉，「她看起來真漂亮……我好想要她。」夠了，這完全只是火上澆油而已。

但當我們透過電話聯繫時，吉莉慎重地告訴我，她們現在是朋友了，雖然稱不上閨密，但是真心喜歡對方，「我才剛寄生日卡片給她，很棒的是……我最喜歡的東西是格雷伊獵犬，她最近剛好養了一支格雷伊獵犬，所以我們現在會聊格雷伊獵犬。」吉莉說道，「當她來鄉下朋友家過夜時，也會順道來我家和我喝一杯，所以沒錯，我們現在是朋友了。」

這可能是吉莉的計謀之一，我們從不會因為「情敵」變朋友的故事感到興奮，雖然這樣的故事少見，也許這樣的友誼在外人眼裡真的很意外，但只要雙方都覺得沒問題，那又有什麼關係呢？真實的情感連結是勉強不來的，但你也不該因為一段友誼好像不太可能發生就放棄，因為這可能會讓這段友誼變得更特別。

說到這些意料之外或意想不到的友誼，規則和界線其實都是由你決定的，你的朋友可能是你從未遇過的挑戰和難題，或者人其實特別友善，在這樣的情況下，好像反而比較容易和她聊一些你平常難以啟齒的話題。雖然不是每個人都想談論她們做了幾次愛、會不會高潮以及多久自慰一次，即便是她們親近的朋友也不一樣。別誤會，我認為，如果更多女性願意大方地談論性相關的話題，這會是一件很棒的事。我們需要正常看待女性享受性愛這件事，以及我們不是可怕的性愛成癮者，不需要維多利亞時代的電擊療法。一個朋友曾告訴我，她的朋友在辦公室壓力太大時，會躲到廁所緊急自慰一下，我無法告訴你我聽到這件事時有多開心，雖然我自己的處理方式是抱著一包起司餅乾，試圖在小小的廁所隔間內，對著垃圾桶擺出力量姿勢[26]。

對我而言，這也是為什麼現今最具指標性、最安慰人心的友誼是，《倫敦生活》的女主角和貝琳達（克莉絲汀·史考特·湯瑪斯〔Kristin Scott Thomas〕飾）之間友誼，由菲比·沃勒—布里奇（Phoebe Waller-Bridge）所飾演的三十三歲女主角和大她二十五歲的女性交朋友，這個場景是許多我這個年代的人嚮往的事，這也是為什麼這一幕討論度這麼高。

透過這一幕，我們有機會讓一個成熟的女性在高級飯店的酒吧裡，親切地為我們上一系列的人生課，關於在任何年紀調情的喜悅，關於女性就是由「零件組成的機器」，天生注定承受痛苦，只有更年期才能釋放我們，「這是一件值得期待的事情」，貝琳達妙語如珠地說道。

這只是一個片刻，不是永久的友誼，但卻感動了我們許多人，我們都渴望能獲得這種意想不到的人生智慧。如同一位觀眾在推特上寫道：「真希望有機會和不是我媽或我媽朋友的年長女性聊聊，我們不會談論性愛，純粹是知識上的交流。」

畢竟如同貝琳達和女主角說的：「我們只剩下彼此了。」

✿

我對意外好友的想像來自很早以前的經驗，例如：大學時期那封寫著我和阿嘉莎很難變成朋友的郵件，別人眼裡看似不太可能的友誼裡都有某種意外的美好。

這可能也和莉莎有關，莉莎是我書信往來十年的筆友，她住在靠近布萊頓，我住在南倫敦，雖然只要搭直達火車就能拜訪彼此，但我們其實只見過一次面而已，在我十歲時在漢普敦宮參加的一場婚禮上。儘管我們看似有許多不同之處，她披著一頭白金髮，輕輕鬆鬆就很有個性，反觀當時的我，穿著不合身的裙子、過長襯衫以及笨重樂福鞋，我們交換了地址，並開始了多年的書信往來。我們互相分享學校的事、第一個暗戀對象、和爸媽或手足之間的爭吵，我現在還記得她的信紙和信封的樣式，以及看著門口地墊上出現黃色信封的喜悅。

後來我們各奔東西、上了不同的大學，時不時還是會透過電子郵件聯絡、約見面，但最後都沒有見到面。後來，我開始感覺她好像花許多時間在宗教上，老實說，這讓我有點卻步。即便我們的宗教信仰不同，我當時應該可以還是可以將其視為更意想不到的友誼，只能說我當時的思想真的狹隘了，因為我們之間的友誼應該還是可行的。

工黨國會議員潔絲．菲利普斯也分享了她和前保守黨國會議員安．彌爾頓（Anne Milton）跨越黨派的友誼。二〇一七年，她們在西敏市性醜聞爆發前期認識，當時許多男性國會議員都被指控涉嫌不正當性行為，在下議院裡，安直接走到潔絲面前問她要不要採取行動，但她們在此之前從未說過話。

「她講得非常直接、自然，好像我的某個女性朋友一樣」，潔絲說道，「我心想：『天啊，我要當你的朋友。』」

但我覺得，她們這段意外友誼最有趣的是，她們如何處理政治上的意見分歧。

「你知道我們怎麼處理嗎？我們會嘲弄對方，」潔絲說道，「我會說：『噢！你會這樣說是因為你討厭窮人。』她以前是護士，所以她比我更接近工人階級，但我還是會直接笑她：『你就是典型的保守黨員。』」

「如果我們真的遇到完全沒有共識、無法合作的議題，我們就會直接放棄，這就是友誼的真諦，不一定什麼事都要有共識，但如果真的遇到什麼嚴重的問題，朋友還是會支持你，這就是我和安的相處模式，她就像是一棵可以依靠的大樹。」

我不知道被比喻成一棵大樹的安會怎麼想，不過我認為這段話說出了一些意外友誼的關鍵。當我們的人生出現波折時，意外友誼就會發揮避風港的作用，即便這些朋友不一定比較年長或比較有智慧，她們都還是能給予我們一些安定的力量，讓我們知道和我不一樣的人也會在乎我。

五十五歲的崔妮·伍道爾（Trinny Woodall）告訴我她職場上一段意外的友誼，這是我聽過最接近「化敵為友」的例子。

「我當時在國外進行一些拍攝工作，她是時尚雜誌的編輯，我第一次見到她時，彼此互看不順眼，因為我很討厭別人幫我挑選拍攝的衣服，所以我們有了一些摩擦。」崔妮說道，「後來某天，我們一起躺在游泳池邊，很不情願地聊著天，卻發現我們竟然同年同月同日生，而且都是早上出生，這個巧合打破了我們之間的隔閡，接著我問她為什麼都不出去社交，她承認她有點累，因為她懷孕了，但她還沒告訴任何人，我說道：『我也懷孕了，而且我也沒告訴任何人。』我們的預產期竟然也一樣，真是太神奇了。」

隨著一開始針鋒相對的感覺淡去，崔妮開始從這個意外好友身上學到東西。

「她很堅持要對身旁的人有禮貌，我有時在拍攝時會有點……當我很沒安全感時，控制欲就會很強，但她都能理解，所以當工作結束時，她會說：『崔妮，你應該去向某個人道謝。』我只能說，她總會提醒我要作最好的自己。我們的生活背景截然不同，她的母親來自奈及利亞，她從小在倫敦郊外長大，她真的是白手起家，但我們喜歡的事物相同，我無比尊敬她。」

意外好友真的有啟發我們的超能力？我認為真的有，當你和不同的人交朋友，不論是年紀、背景、政治立場、職業、階級等方面的不同，你就是正在敞開心胸、拓展你的世界，透過一個和你完全不同的視角看待事情，它好像在說：「如果我可以和你交朋友，那麼我或許可以和任何人交朋友。」對女性友誼而言，這句話是最有力量的吧！

網路交的朋友

迷思：網友不比現實好友來得有價值

我屬於一個很奇怪的微型世代，一個還記得網路出現前怎麼交朋友的世代，你可以稱呼我們為世代交替的一代，或者老一輩的千禧世代（這個稱呼還是算了，謝謝。）我們出生於一九八〇年代前期，這讓我們許多人成為擁有家用電腦的第一代，以及二十一歲前完全沒受到社群媒體干擾的最後一代。不管是有沒有網路的世界，我們顯然都很自在，真棒！

我們知道第一次在家連上網路是什麼感覺，也知道讓爸媽因為你在上網無法使用電話而生氣是什麼感受，我們記得熱門機器人（HotBot）、俯瞰（AltaVista）和大哉問（Ask Jeeves）還是主要搜尋引擎的時代，以及開了網路個人空間（MySpace）的狂喜，如果你不知道我在說什麼，那你可能就是一九九六年後才出生的，恭喜！

我們當時透過美國線上（AOL）和微軟的 MSN 聊天室交朋友，這樣應該可以算是粗略感受到社群媒體力量的第一代，我們有時甚至會約網友出來見面，很難以置信吧？我曾經隨便和一個男生聊天，他爸爸是在我家附近開業的牙醫，我們還真的變成朋友。我們在地鐵裡坐了兩個小時，換得在我家門前擁抱五分鐘，我後來就叫他回家了，因為他當時戴著一頂白色的貝雷帽，我覺得他有點可悲，當時的我們完全沒意識到見網友還要注意自身安全。

臉書（Facebook）於二〇〇六年進駐英國時，我才二十二歲，還在梅費爾擔任飯店約聘的接待人員，除了十二點五英鎊的時薪，其他事我都不在乎。我大部分的時間也沒什麼事做，但臉書這個社交平台的出現，讓我可以傳訊息給阿嘉莎，任何一個我遇見的人上傳照片，我都可以在上面標註自己（十年後，我花了好幾個禮拜刪除標註），一切都是如此新鮮、單純，如同我妹妹第一次在倫敦動物園看見巨蟒並逗弄牠一樣，完全沒想到任何可能的危險，也無視旁邊的警告標示。

友情開始變得重量不重質，加朋友變成最重要的事，這也是為什麼當你參加了一場派對後，隔天醒來會多了二十五個陌生人對你發出交友邀請。我們會比較我們擁有多少朋友，我很確定我一度有超過五百個朋友，但現實生活中可能只有三個朋友，如果我在路上遇到這些「網友」，我可能大多數都認不出來，並不只是因為他們的大頭照還是二〇〇二年在法里拉基拍的照片。

別擔心，我不是要說社群媒體有多邪惡，我們讀過太多相關文章了，我們都知道手機不是我們真正的朋友，但我想我們都知道社群媒體不會消失，各式平台繼續推陳出新，不管你是用閱後即焚（Snapchat）、抖音、推特、Instagram，或者其他我已經老到沒聽過的平台，只要說到友誼，每個社交平台都會面臨相同的困境：你要如何使用它和朋友保持聯繫以及有意義的交流。

錯失恐懼症沒那麼容易避免，雖然我們沒有在朋友身邊，但我們都會知道他們和別人正在做什麼，社群媒體正在以前所未有的方式讓我們感到失落，如果你曾被某個朋友分手，社群媒體可能會讓你變得偏執、多疑。

二十七歲的薩米哈認為社群媒體導致了她這個世代的孤獨感：「我們對社交媒體的成癮程度非常誇張，但我們其實應該要去『真正認識』這些人。」她說道，「但我們的動態總是充斥著網友想要你看見的事物，很多時候他們只想讓你認為他們很受歡迎、有很多朋友。」

我現在已經是有自己朋友圈的人，我生命中不同階段遇到的女性，某部分都影響了我的性格養成，我喜歡談論或覺得有趣的事物很多，例如：觀賞影視作品和吃東西，我可以和某些朋友聊比較深奧的話題，某些朋友則是「行動派的」，我可以展現的面向很多元。但我覺得很奇怪的是，社群媒體的友誼很平面、很單一，好像你和所有你見過的人共處一室，還有幾千個人是你沒有見過的人，但你只能展現一種自己：通常是那個開心、很有成就的自己。

「我認為社群媒體對友誼有害」，臨床心理學家琳達．布萊爾（Linda Blair）說道，「社群媒體的重點就是只展現自己一個面向，那個還可以見人的面向，你只會展現出對你有利的形象，你也很容易會因此感到自卑，和別人產生距離感。親密關係的建立需要讓人同時看見你的好與壞，當你只呈現好的一面，不管是對自己或是別人，你都已經開始失去平衡。」

如果我們不展現自己最閃亮、最成功的一面，便會掉到光譜的另一端，不小心分享太多資訊，例如：亮出自己的腋毛或告訴全世界自己的婦科問題，我反而喜歡社群媒體的這個面向，那些澄清迷思和講解禁忌的貼文，當我們真實地談論濾鏡下的生活，內容通常都很大膽也很有趣，和在新朋友面前展現脆弱一樣，可以讓友情快速增溫，這類的貼文也很有力量，能夠建立的信任感不亞於線下的交流。

然而，社群媒體有時也會讓我們失去平衡。我們很多人驚覺自己已經失去平衡的時間點，通常是當我們與某人發生爭執，我們選擇在社群媒體上分享，而不是直接打電話找對方說清楚，或者我們認為一個讚的表情符號，就等於最懂我們的人給予的支持，這和傳訊息很像，我認為，我們訊息的簡潔程度已經改變了友誼的結構，某方面來說，你可以在會議中拿起手機快速告訴朋友你在想她，但卻失去了情感交流的深度，我也和其他人一樣太依賴這樣的傳訊方式，認為可以用笑哭的表情符號回覆任何訊息。

艾瑪．巴奈特其實很不喜歡傳訊息，「如果我收到一則寫著『你好嗎？』的訊息，我的心會揪一下」，她說道，「我會覺得：『我怎麼會懶到只願意傳訊息給你？我其實想打電話給你。』但很多人已經不習慣打電話了，這對不喜歡傳訊息的人是一件很難的事，所以我認為，現在的友誼語言已經退縮到僅限於數位化了，我很能傳訊息，我不是老到不會傳訊息，但我總覺得這顛覆了我們交友應有的方式，這不是在滿足友誼的需求，大多數時間就只是在快速搪塞而已。」

她承認，好處是你可以很快地「關心」別人，「我有一個剛失戀的朋友，我昨天傳訊息給她說『嘿！』因為我剛好想到她。」艾瑪解釋道，「但我並沒有打給她，那麼我這樣就已經完成身為朋友的義務了嗎？我不知道，我不覺得這樣就夠了。」

我一定是掉入了一個陷阱，更糟的是，我只是看了一個朋友在社群媒體上的動態，就誤以為我知道她的近況，這可以讓人感覺和朋友有保持聯絡，但實際上卻沒有。

「這些數位互動的模式不過像是OK繃。」牛津大學教授羅賓．鄧巴說道，「或許可以藉此減緩友誼變淡的速度，但如果你們最終都沒有見面，那麼沒有任何東西，或者說數位世界沒有什麼東西，能夠阻止友誼淪為點頭之交。」

雖然你們可能透過很多則訊息想要約見面，即使，卡洛爾．金（Carole King）的歌〈你有個朋友〉唱得是：「春夏秋冬／你需要做的就是打一通電話」……但在一九七一年，她不需要試著透過智慧型手機的軟體約見面。

「你可以……？不行，那麼……抱歉，波莉那時候有鋼琴課……詹姆斯不在家……八月？但現在才二月……我二〇三五年某個星期六有十五分鐘的時間，從五點四十五至六點，這樣可以嗎？」

雖然聽起來好像手機正在破壞我們認知裡友誼的概念，但對我許多女性受訪者來說，能夠藉由數位管道溝通還是一件好事，有些人擁有異國朋友或住國外的朋友，她們告訴我，每天關心彼此是很重要的，之後當她們透過電話聯繫或親自見面，她們便不需要重述所有生活中的瑣事，因為她們大概都知道了。有些受訪者甚至認為，這是幫助她們和一大群人保持聯繫最簡單的方法，特別是在她們生活壓力很大時。有些人還真的透過網路交到朋友了，例如：作家黛西．布坎南不僅透過推特找到老公（持續私訊就對了），她還交到她最親密的好友，她們追蹤彼此後便開始回覆彼此的推文。

「接著一名朋友辦了一場聚會，把我們這群一直在推特上互動的女性聚在一起，我們在酒吧見面並一拍即合。」黛西說道，「她說，她以前還在辦公室工作時，不時都會聽到一個沙沙聲，她心想：『天啊！』結果只是影印紙的聲音，我當時心想：『我也是這樣！』緣分讓我遇見這個人，她讓我的人生變得更豐富、更美好，這件事現在想來還是很令人開心。」

尼姆科．阿里（Nimco Ali）創立了五號基金會（Five Foundation），一個致力於終結女性割禮的組織，她告訴我，她因為一個聊天群組而恢復了對女性友誼的信任，這對我來說是一件很棒的事，因為我們大多數人都是不斷找理由，默默地離開聊天群組。

「如果你生長的社區和我的一樣，我們從小有點像是被教育不要相信女人，因為每個人都會一直說別人的八卦」，尼姆科說道，「所以你的家人就是你的朋友，我想我一直要到開始從事社會運動，才能慢慢放下我成長的文化背景，也才真正開始知道，選擇和你背景截然不同的人當朋友是一件多麼有力量的事。」

二〇一八年，她有個朋友想要聚集住在倫敦的同齡女子，便將她加入一個聊天群組，她們開始傳訊息給陌生人，並相約每月出來吃一次晚餐。

「我以前常看《BJ單身日記》的女主角到朋友家吃晚餐，我以前也常被朋友邀請去家裡吃晚餐，只是我不知道這麼做的意義在哪裡。」尼姆科説道，「但後來這卻變成一件令我期待的事。」

「我想可能是因為過去的經驗使然，所以我很難放手，讓不是我家人的人走進我的生命……還有女性割禮，以及索馬利亞的內戰、失去親友這些事，讓我的防衛心變得越來越強。我以前認為我必須和男性打成一片，因為身為異性戀女性，我得找到一個對的人，我以前常說：『我有很多男性朋友。』但那只是因為我認為應該努力與他們相處，我把這件事看得比結交女性朋友來得重要，但我現在瞭解到，女性友誼可以透過不一樣的方式滋養你，這些女性在我生命中的地位變得無比重要。」

對我而言，網路交友不是不可行，我的意思是，這和約會交友軟體上有什麼差別？事實上，你也可以透過約會交友軟體交朋友，例如：二〇一六年，蜂交友（Bumble）新增了一個「閨密」區塊，「我們還是當朋友吧！」這句話是以前配對網站上大家最不想聽到的話。

當我訪問蜂交友的創辦人惠特尼．沃爾夫．赫德（Whitney Wolfe Herd），她剛好是全世界最年輕白手起家的女性億萬富翁，她告訴我一些關於軟體上閨密區塊的事，「我們每天花好幾個小時埋首在手機裡，企圖得知許多陌生人的最新動態，嫉妒心和錯失恐懼症佔據了我們的心。」她說道，「然而，我們還是渴望與真人交流，我們想要一些真實人生經驗，與某人一起共度時光，我們對這些事的渴望超越愛情。」

惠特尼有許多超能力，但連她都無法預測新冠疫情的到來，這段時間是交友軟體的快速增長期。一份《華爾街日報》（Wall Street Journal）的調查[27]發現，十六歲至二十四歲的受訪者裡，超過三分之一（百分之三十五）曾在二〇二〇年七月至二〇二一年七月，使用約會交友軟體尋找柏拉圖式友情，根據蜂交友二〇二一年第一季的數據顯示，尋找友誼的女性有百分之四十四的漲幅。

綜合以上結果發現，使用手機軟體尋找新朋友和尋找新戀情沒有多大的差別，而市面上還有其他的交友軟體，例如：交友特（Friender）、約見面（Meetup）以及花生交友（Peanut），你列出你的興趣、想找什麼樣的人——和你一起在鄉間散步的人、喜歡做瑜珈的人——選一張你最滿意的照片當大頭照，接著你就去「約會」了，一心想著該穿什麼比較好，如何留下完美的第一印象，不需要擔心你會想像到她們裸體的樣子。

沒有網路交友經驗的人聽起來可能會覺得有點奇怪，但當人們剛開始上網交友時，我們就是這麼想的，我們以前都看不起使用手機軟體找男友的人，這個舉動看起來好像有點太飢渴，但現在透過這種方式認識伴侶的人已經非常普遍，反而讓我們開始覺得在酒吧尋找對象有點奇怪，大家現在的觀感已經不一樣了，或許也會因此對上網交女性朋友的看法有所改變。

約會教練海法．巴貝里（Haifa Barbari）肯定是這麼認為，當三十七歲的她失戀後從東倫敦搬到西倫敦（就像搬出國一樣），曾使用交友軟體結交新朋友，她當時大多數的朋友不是搬家就是有小孩了，她急需一些陪她出去玩的新朋友。

「交朋友講究兩人之間的火花和合適度，所以我就運用了一些約會的策略。」她說道，「不管她們長怎樣、從哪裡來，只要我們有相同興趣和信仰就好，但只有親自見到面才能測試兩人之間的火花，所以任何朋友約我，我都會去，當我們親自見到面，我就會感受兩人之間有沒有火花。」

她第一個約出來的女性新朋友是剛搬到倫敦的珍妮特，「我們第一次約會就長達六小時，和男女之間的約會沒什麼兩樣。」海法說道，「我們沿著河邊散步，接著吃一點義大利麵，我們就是很合得來……我們接著就想建立一個朋友圈。」

海法和珍妮特決定和更多女性朋友約會，彼此邀請喜歡的人到她們的聚會，「原本只是一對一的約會，很快就變成一群人的約會，現在我們有一個六人的聊天群組。」海法說道。

如果你們見面卻感受不到火花呢？「那也沒關係。」她說道，「『不是你遇見的每個人都會變成真愛』，同樣地，『不是每個人都會成為你的閨密』，想和你在一夜之間變成閨密的人，和太積極展開追求攻勢的人一樣危險，事實就是你們一點都不認識彼此，認識別人真正的樣子需要花一點時間。」

最特別的是她某些現任朋友的反應，她們覺得很受傷，「當你做一些和朋友不一樣的事情，她們就會對你有所批判或質疑，大多是因為覺得自己哪裡做得不夠：**我做錯什麼了？為什麼你需要新朋友？**」

海法補充道，可能是因為這樣，所以和老朋友比起來，她現在和交友軟體上的朋友還比較親密一點。

「我和這些女性朋友都面臨相同的問題」，她解釋道，「我們非常誠實地面對自己想要交新朋友這件事，我們會一拍即合是因為我們都不想一個人，這麼真誠的理由降低了我們之間的隔閡，人們面對新事物時總是比較謹慎，但我認為我們如果可以因此產生更多對話，認知到重新評估自己的生活和交新朋友不是一件壞事，那麼這一切將會在不知不覺中成為常態。」

很難想像現在還在成長中的世代，這個從小手上就拿著智慧型手機的世代，覺得透過交友軟體交友沒什麼大不了的。十一歲茱莉葉最近剛拿到她的第一支手機，她用手機和朋友聊天、觀賞抖音的影片，她屬於阿法世代，首批出生年份都落在二十一世紀的世代，他們的友誼完全都建立在數位之上，和Z世代一樣（出生於一九九七至二〇一二之間的一代），她們從未離開臥室出去和朋友玩過。

茱莉葉告訴我，她的手機主要是讓她和許久未見的人聯繫（對她而言，可能就是從禮拜五放學後就沒見到的人），她也會使用手機安排自己的足球練習，但她也承認手機也曾害她的友誼出現一兩次危機。

她說道：「手機可能會帶來壞的影響，因為關於某人的事可能會到處亂傳，例如：如果有人說了關於某人的某件事，或許當下不是有意的，他們可能又和某個親近的朋友說這件事，也沒有料到這個朋友會告訴其他人，最後再被發到網路上。」

「即便你不是有意的，他們也無法理解，更別說原諒了，要透過訊息道歉又更困難了，因為你無法親眼看見別人在想什麼，某人可能明明很生氣，卻傳訊息說自己沒事。對我而言，現實生活中的談話比較容易，特別是當你在和對方說一些重要的事，能看到一個人當下的感受還是比較好。」

沒錯，茱莉葉可能是我遇過情商最高的十一歲小孩，但我覺得最有趣的是，在我們沒有套招的情況下，她很快地就把話題帶到原諒和責怪上，看樣子，即便你是真正的數位第一代，在面對社群媒體時，你還是可能和我們其他人一樣戰戰兢兢。

二十二歲的梅爾莉．強斯頓（Merrily Johnston）雖然也很擔心造成可能的誤會，但還是選擇繼續傳訊息，她覺得這樣比較「沒那麼直接」。「面對面時，你可能會脫口而出一些收不回來的話。」她說道，「你可以在一則訊息裡塞入所有你想要講的話，還不會被打斷，唯一的缺點是，朋友可能會誤會你的語氣，進而產生了一些你們沒有意識到的分歧。」

我們都有類似的經歷，也感受過某些訊息被斷章取義的影響。和這些年輕女性聊過之後，我發現她們似乎和我們一樣都很小心地注意潛在的友誼陷阱。

十七歲的史嘉蕾．歐康納（Scarlett O'Connell）告訴我，訊息在她的友誼中扮演很重要的角色，「如果無法傳訊息，我可能會有點不知所措，因為我的女性朋友比較常使用社群媒體」，她說道，「因為女生的友誼比較複雜，所以你會感覺你需要和她們多保持聯繫。」

Z世代和阿法世代想要和朋友固定保持聯絡，她們瞭解比起男生朋友，女生朋友可能需要花更多心力，並希望避免可能的誤會，她們想要花時間經營女性友誼，也知道只有數位化的溝通是不夠的。

當我和這些年輕女性談論她們的女性朋友，我赫然發現她們的觀念和九十幾歲的女性沒有太多差別。當我問九十二歲的奧黛莉，關於女性友誼，她會給年輕的自己什麼建議，她說「寬容」，這對我而言就是一切的宗旨，特別是在不完美的數位化溝通上。

網路並不是一個特別能展現寬容的地方，「我曾經和某個朋友大吵一架，結果我在所有平台上封鎖她，完全不和她接觸將近一星期。」梅爾莉承認道，「你可以完全將她們從你的網路生活中移除，她們也不能說什麼。」

如果我們夠誠實的話，我相信我們一定都曾在數位平台上無視朋友，我們都曾經沒那麼寬容過，你可能不是封鎖某人，但你應該有過以下的經驗：看見一則訊息，讀了第一行後並沒有馬上打開，因為害怕對方知道你已讀，你就會有回覆訊息的壓力，我想也是，但你可能還是有時間看一下服裝品牌的特賣。

除此之外，一群朋友也會出現問題，別以為你大規模發出的邀請信都沒有問題，不管你是使用「副本」或「密件副本」傳電子郵件給朋友，都會變成一場災難。使用副本可能會出現一場混亂：A氣你沒有為她特製邀請函，讓她淪為和其他人一樣；B不敢相信你居然原諒C的所作所為，D很驚訝你居然將E（D從小認識的多年好友）視為自己的好友。如果使用密件副本，那麼F怕自己完全不認識在場的人，索性就不赴約了，而G需要知道她不想見到的人是否也被邀請。群發訊息也是一樣困難，聯絡資訊可能未經同意就被公開，沒被邀請到的人一目了然。

正是這種數位微型攻擊，讓我漸漸不在生活中使用社群媒體，更別說我花了多少時間在社群媒體上。我的時間軸上曾經充斥著照片，裡面都是我不認識或不在乎的人，我對他們的意見也越來越沒興趣，我還得花上幾個小時取消這些照片上的標註，並將自己的隱私設定上升到偏執的狀態。當我和先生訂婚，我只打電話告訴我最親密的朋友，因為我無法想像自己和陌生人說這麼私密的事，更別說那些已經沒再聯絡的前閨密，我不希望自己每次登入社群媒體就必須面對這些人，我更不想要和她們保持聯絡。

然而，某天早上，正在工作的我因為一件事徹底遠離社群媒體。當時，我正在新聞網站上隨意瀏覽新聞，我突然看到一張認識的臉，是我以前學校的朋友米淇，我十分震驚地看著那則新聞標題上寫著「意外死亡」。雖然我們從六年級之後就沒再見過面，但我不到一個星期前才在路上看到她急忙穿越地鐵站，我叫了她的名字，但她沒有聽見，很快就消失在通勤的人潮裡了。回家後，我登入臉書想知道她的近況：她現在是什麼樣子、她在哪裡工作、她有哪些朋友，我當時心想，也許我們會再次巧遇。

一週後，我坐在辦公桌前，得知米淇去世的新聞，她當時才二十五歲，根據新聞報導，她的死亡為她不幸的家庭再添一樁悲劇，這讓當時坐在旋轉椅上的我瞬間感覺天旋地轉，我沒有打算深入描述，畢竟這是別人的隱私，但我明明幾天前才在社群媒體上看的近況，她的貼文完全沒有透露這些事，社群媒體只展現了某人生活的某個面向，他們想要世界或像我這樣的「朋友」看到的面向，當然，那是她的選擇，但這個表象背後還有許多我們不知道的事，現在我永遠不會知道。

經過這件事後，我幾乎不想使用臉書，只會偶爾看一下我前任男友是不是還活著，他們的新伴侶、小孩、房子、寵物，以及他們的姐妹準備參加哪一場鐵人三項之類的事而已。最後，我在看完記錄片《智能社會：進退兩難》（The Social Dilemma）後，徹底刪掉了臉書帳戶，完全就是我一貫的行為模式。

雖然為了工作，我可能會一直需要使用推特，但我學會不要花那麼多時間和陌生人吵架，我關掉了手機上所有的通知，這個動作為我帶了很大的改變，我強烈建議你這麼做，我甚至暫停使用 Instagram。某次晚餐聚會，我向一名朋友坦承，看著朋友動態牆上「完美」的照片讓我感到失落，當你身邊的人似乎都比你成功，你很難不拿他們與自己比較，即便你知道他們都把失敗隱藏起來了，我的朋友也有同感，所以我們彼此約定：從手機上刪除這些軟體，完全戒掉社群媒體，還要避免自己重新下載，只為了得意地貼文告訴大家自己曾經戒掉社群媒體過。

我的朋友持續了一個禮拜，我已經遠離社群媒體將近兩年，大部分時間都沒事，除了每當我滑開手機的主頁面，肌肉記憶便會渴望重新打開剛刪除的軟體來取悅我，我的大拇指會不自覺地扭曲。然而，幾個星期過去。我開始覺得沒那麼想要上 Instagram 看看，也更加喜歡不在 Instagram 上的感覺，我感覺自己好像奪回了某部分的隱私，「我現在都不知道你在做什麼。」一位朋友這樣對我說，她這句話說得太好了，我就是想要達成這樣的效果。

那我為什麼最後還是回歸社群媒體呢？某部分是因為工作，但也是因為我的心理素質變強了，我已經準備好了，也比較能控制自己花在社群媒體上的時間。如果要我老實說，戒斷社群媒體的過程中，我還是有點錯失恐懼症。當你所有朋友都在討論某些最新的貼文、分享他們生活中的照片，但你卻都不知道，你會開始感覺有點被排擠。與此同時，我因為開始和一些女性進行談話，她們幫助我恢復對社群媒體的信心，讓我相信在社群媒體上還是可以交到朋友。

尼姆科．阿里告訴我，她和作家凱特琳．莫蘭（Caitlin Moran）的友情就是這麼開始的，「我在推特上接觸到她，她追蹤我，我們後來在現實生活中某些活動上碰到，她也變成我非常親近的朋友，真不敢想像。」尼姆科說道，「我非常尊敬她，我能跟她聊很多感情的事。最近，我喜歡上一個年紀比我長一些的人，她問我：『你們夠瞭解彼此的文化背景嗎？』從來沒有人這樣問過我，這是我從其他朋友身上得不到的建議。」

崔妮．伍道爾的狀況則是相反，她和她的朋友蜜雅只見過一次，當時她在澳洲推出她的化妝品品牌，蜜雅來上她的播客節目，接著她們便透過社群媒體沿續友誼。

「我馬上就感覺和她相處很自在，接著我就再也沒見過她了。」崔妮說道，「但我們現在還是常做 Instagram 直播連線，我很欣賞她的氣質，我若遇到問題會打給她求助嗎？不會。但她是我很尊重也很欣賞的人嗎？是的。」

我想我們必須知道，你可以從遠方尊敬和欣賞一個人，沒有任何一條規定告訴你，你必須要將網路上的友誼帶到生活中，這是崔妮提到那些看她 Instagram 直播的女性觀眾時所說的話，她將這些女性觀眾視為社交媒體上的朋友，她接著告訴我她們的名字，她甚至還知道她們養了什麼狗。

「這種友誼非常特別」，她說道，「我感覺為了她們，我必須做最好的自己；為了她們，我必須非常誠實，她們幫助我成為更好的自己。誠實地揭露某部分是為了讓其他女性知道，有人和她們想法一致，讓她們不會感到孤單，這也是友誼裡很重要的部分。」

作家坎迪絲・布拉斯維特（Candice Brathwaite）在《友誼的人生課》（Life Lessons on Friendship）中也提到相同的概念，她書中描寫的艾瑪是那種最好的朋友，總是知道你什麼時候需要幫助，總會在對的時間傳訊息給你，很在乎你的家人，你的家人也很喜歡她。

但是，坎迪絲從來沒見過艾瑪，她寫道：「如果要我老實說，我很可能永遠都不會見到她。」

她們倆透過 Instagram 變成好友，坎迪絲將其稱為「我人生中最真摯的友誼之一」，為什麼不可以呢？她們互相分享彼此的感受、恐懼和生活中最痛苦的時刻，我很樂見人們在社群媒體上發展出長期、別具意義的友誼，這也是我開始探索的新面向。不管是推特上試著讓彼此發笑的公開推文，或者私訊我在工作上認識的女性，我真的希望有機會能和她們喝一杯，雖然這些微小的數位互動常常比生活中實際的互動還要不正式，但卻能快速增進友誼間的親密感。我曾在 Instagram 上私訊沒那麼熟的女性朋友，表達自己支持她們提出的自然陰毛運動，現實生活，我是不可能特別向她們說，我也很適合七〇年代的陰毛造型。

到底什麼是「真實生活」中的朋友？我們大多數人也許都會同意，在理想的狀況下，指的是你親自認識的人，但這樣的想法也許該改變了，為什麼一個完全符合「好朋友」條件的網友，會比透過「傳統」途徑認識的朋友還要沒有價值？只因為你們不曾在同一個地方，呼吸過相同的空氣嗎？

是的，我們花太多時間在手機上了，但這不表示我們必須接受一個會摧毀所有人際關係的論點，我們也不總是會放下手機、闔上筆電，只為了花時間和現實生活中的朋友相處，他們某些人（名模大間諜〔Zoolander〕的語氣）**就在電腦裡**。隨著我們的工作時間越來越長、越來越努力工作，壓力比我們上一代還大[28]，如果我們能透過網路維持友誼，甚至創造友誼，或許也是一件好事，不是嗎？這表示崔妮可以和生活在世界另一端的女性交朋友，這也表示尼姆科可以重新學會信任。

社群媒體可能改變了我們溝通的方式，但是總體而言，我不認為網路改變了一段友誼需要的基礎，友誼還是需要時間、心力、經營、支持、體貼、理解、空間、慶祝、同理心、誠實，當然還有寬容。如果你可以在女性友誼裡達到這些事，你交到這些朋友的方式也就不重要了。

側寫

和朋友住一起

二〇一二年五月，我沒有地方可以住，這不是我想像中的二十八歲生活，我一直以為我就算沒成功，至少看起來也有個樣子。

在二十八歲這個年紀，莎士比亞已經寫了三齣劇作，狄更斯在寫第四本小說，克麗絲特貝爾・潘克赫斯特（Christabel Pankhurst）為了爭取女性權益坐牢兩次。但二十八歲的我只是個在報社工作的無名小卒，薪水比倫敦公寓的租金還低，我工作上唯一的成就是短暫地擔任英國最差的娛樂記者。

我是認真的，這樣我就能被編輯派去參加華麗的派對或開幕典禮，很快地在會場內因為太緊張而全身發軟，例如說參加在亞歷山德拉宮舉辦的英國音樂名人堂，詹姆士・布朗（James Brown）、齊柏林飛船（Led Zeppelin）、王子（Prince）和碧昂絲（Beyonce）都會出席。但在活動後的派對上，我很緊張地躲在一根柱子後面，也花了不少時間躲在洗手間，到了最後，我只能在文章中引用戴維娜・麥考爾（Davina McCall）髮型師的話（「她好愛她的新髮型！」）

然而，我還是小心翼翼地從報紙上剪下那篇文章，放進我的剪報收集冊，一項我家裡已經放不下的紀念品。我當時和交往了五年的男朋友分手，搬出了在拉德伯克街同居的公寓，據說這間公寓的前屋主是某個明星廚師，房東透露他的居住環境十分髒亂（顯然，我也沒有將這個非常有趣的小八卦寫進我的娛樂版文章。）

我們的分手事出突然，我們也很驚訝事情發生地這麼快，我們對未來生活的共同願景、嚮往的舒適生活就此幻滅，突然之間，一切都將永遠消失，我感覺很痛苦、不知所措，每當我想到我們的未來，我的心都會因為焦慮而揪在一起，我還必須克制自己不要大聲啜泣。更糟的是，當時倫敦街頭到處貼滿了奧運的海報，每天上下班的路上，我都被叫我「勇往直前」的巨大廣告看板包圍，還有碼表的圖片告訴我時間不多了，我還需要被提醒嗎？

後來依芙向我伸出援手，讓我搬進她位在東倫敦社會住宅區的八樓公寓，那裡一樓的地毯永遠都是濕的，還有住戶會在臉書社團裡貼上告示，請大家不要再讓藥頭聚集在走廊上。她會收留我完全都是因為愛，依芙是一個很需要空間的人，她喜歡下班回家後不和任何人說話至少一小時，非常有個性。除此之外，她的公寓其實很小，特別是對於兩個沒有睡在一起的朋友來說。

我很擔心我會重蹈覆轍，我又會因為和某個朋友同居而失去友誼，我們最後又會冷戰或吵架，我害怕這麼小的地方容不下我極度需要關懷的心，還會因此為我們的友情帶來太多壓力。然而，我們還是創造了屬於我們的家，她下班時，我給她空間獨處，她忍受我心碎引發的賀爾蒙波動——前一分鐘還很亢奮、愛說話，下一分鐘馬上躺平在沙發上，蓋著毛毯、看著烹飪節目。

我們當時決定在奧運開幕式時舉辦居家派對，到時就能看到穿著緊身衣褲的運動員，我們家還有很好的視野：客廳一整面牆都是玻璃，夏天比邱園還熱，但唯一的好處就是將奧林匹克公園盡收眼底。我們兩個都同意，這場派對最需要的是，我們親手製作的奧運五環。仔細思考過所有我們能使用的材料後，我們決定使用紙漿，簡單又復古，再加上我在報社上班，隨手就能取得材料。

這就是我為什麼在一個豔陽高照的週日下午，穿著內褲坐在依芙家廚房淺灰色的磁磚上，因為我不想讓黏糊糊的紙漿沾到我任何一件衣服，我野心很大地製作著表面非常粗糙的奧運五環，成品真的很糟，連《魔戒》裡的咕嚕可能也不會想多看一眼。

成品大到很難放在室內，所以我將它們挪到陽台晾乾。隔天早上，我們起床出門上班，讓它們沐浴在陽光中，但那天下午卻下起雨來。

「應該沒事吧？」依芙的訊息寫道，「我們可以將它們拿進室內用毛巾擦乾。」

「它們應該會比麥可．費爾普斯（Michael Phelps）還濕吧！」我回覆道。

結果我的奧運五環徹底解體，只剩下陽台上一團灰灰黏黏的紙糊，完全不是我們打算用來致敬國家隊的方法。在那之後，我們的同居生活不斷迎來許多厄運，依芙將他的手機沖到馬桶裡超過三次，最後我終於禁止她將手機放在夾克的淺口袋裡，她的手機就是一直從那裡掉出來的。

某天下午，她出門後，我決定好好地獨享整個客廳，恣意躺在沙發上，將腳跨在扶手上，我假裝在閱讀，但實際上是在用手機瀏覽推特。突然之間，我聽到頭上傳來一陣奇怪的斷裂聲，實在是太大聲了，我嚇得從沙發上跳起來的瞬間，正上方塞滿書的層架從牆上掉了下來，撞到下方同樣塞滿書的層架，兩個層架一起掉落在沙發上，彈起來後再掉到地上。

接下來一陣靜默，我甚至聽不到自己的呼吸聲，可能是我也不敢呼吸，我該怎麼告訴依芙我毀了她的公寓，更糟的是，我現在快趕不上去伯明罕的火車，所以我完全沒時間清理。我在去車站的路上，一直在腦海裡想著該怎麼告訴依芙。修繕費用我會負責，沒有看起來那麼糟，我不知道怎麼發生的，抱歉，抱歉，抱歉。

我必須去追火車，我好不容易上了車還在喘氣時，我傳了一封語音訊息給依芙說道（靜音車廂裡的所有乘客都怒視著我）：「壞事發生了，有空回電。」依芙事後告訴我，她聽到語音訊息裡的我上氣不接下氣，心想我不是在去急診的路上，就是謀殺了某人，需要她幫忙毀屍滅跡。

她得知唯一的受害者是她的書架時，她說我太誇張了，她一點都不在乎她的書架，我沒事就好，我鬆了一口氣、放下了心中的大石，她不認為我是壞朋友，這不會影響我們的同居生活，但我們真的需要買新書架。

現在解釋起來很荒謬，不過我當時真的很害怕，我除了差點被旅遊書砸死，還連帶毀了我們的友誼，過去的恐懼也因此再度浮現，某些人可能看起來像是我的朋友，但她們說不定在找機會擺脫我，把我放回沒有掉下來的層架上。

但我想像的事沒有發生，我感覺這好像是一大進展，不是我不相信依芙對朋友的忠誠或好心腸，我是不相信我自己，但或許我該相信自己？即便我可能沒有發現，但證據都擺在眼前：她在我最需要的時候讓我搬進她家，我們還沒冷戰，她過去也只有一次想殺了我，也許是時候相信我自己可以是個好朋友了，也許一切不會再出錯了。

壞事果然沒再發生。幾個月後，我很緊張地告訴依芙我想搬出去，她不覺得我想斷絕我們之間的友誼，她只說道，「我以為你幾個月前就會這麼做了。」她是對的，我們當時都有了新伴侶，我們四個都擠在公寓時，總得側身才能穿越走廊，時候到了，雖然我還是租不起自己的公寓，也還不到和提姆同居的時候，我也不想再搬回老家（我相信我爸媽也不想要我再搬回去。）

出乎我意料之外的是，一個當時才剛認識沒多久的朋友瑞秋，提議讓我搬進她家的空房間，我很快地就答應了，和依芙同居的經驗給了我信心，但我也知道心裡的傷口還沒完全痊癒，這些傷口的起因是人生重要篇章的結束，生命中失去的各種事物——你的房子、共同朋友、未來規劃等——這些傷口並不會在幾個月後或者在交新男友後痊癒，你需要朋友幫你將碎成一地的心縫補起來。

瑞秋位於一樓的公寓有兩個房間，我房間後面緊鄰著她的花園，從那裡，我可以近距離觀賞到倫敦最激情的狐狸做愛秀，牠們每天晚上都在做愛，我希望牠們發出的尖叫聲和噴氣聲代表愉悅，但在我們人類耳裡聽起來卻是極度痛苦，我花了一整個晚上搜尋「公狐狸會性侵母狐狸嗎？」但沒有太多結果（絕對不要用工作的電腦搜尋這種東西。）

瑞秋接續了依芙的工作，透過一頓又一頓「東拼西湊的晚餐」幫我療傷，我們總是笑著說，她冰箱裡永遠只有一顆酪梨、奶油、小蘿蔔以及幾瓶從工作場合拿回家的迷你香檳，我們會再搭配上酸種麵包和冰淇淋，這樣的飲食內容我們持續了將近一年。

某個週末，我們被邀請去評測一座義大利山上的健康休閒中心，生活真辛苦，但這個地方聽起來很像天堂：按摩、泥巴浴、臉部美容，公關人員特別強調他們有一個「排毒療程」，但聽起來在我們都還可以應付的範圍。「不管怎樣，在義大利度假的週末不能沒有金巴利香甜酒。」我在訂機票時，瑞秋傳來的郵件上寫道。

我們抵達時正好碰上早餐時間，我以為可以喝到讓人心跳加速的超濃義式濃縮咖啡、吃到甜點，然而，我們遠遠就看到休閒中心的醫師和營養師朝我們走來，雖然我謊報了我的酒精攝取量，但還是被告知我的內臟運作「很遲緩」，這還沒什麼，醫生問瑞秋她是否懷孕了。

我們很快發現早餐只有水果，但沒關係，還有午餐，結果午餐是黏糊糊的花椰菜湯。我們後來瞭解到，這座休閒中心規定「無糖、無油、無酒精、無咖啡因」。

接下來，我們便開始接受各種排毒療程，但完全不是我們想像的那種寵愛自己的美容，我們身上塗滿冷泥巴後被用塑膠膜包裹起來靜置，我全身都在發抖，一名穿著白色外套的女性工作人員撕開我的塑膠膜前，我覺得自己像極了一隻全身起雞皮疙瘩的雞腿。我以為我可以在熱水泡泡浴中洗淨身體，或者用熱毛巾輕輕將泥巴擦掉，沒想到，我被帶進一間貼滿白色磁磚、宛如偵訊室的房間，工作人員要我站到房間的一端，用強力水柱清洗我身上的泥巴，我應該就是這麼死亡的。

我們盡可能地等待，尋找機會偷跑到頂樓，心想四點半一定可以算是「傍晚」了，我們聽說那邊有一間酒吧，裡面有酒和大塊的帕馬森起司，我們就像極度飢餓的飛蛾朝著起司火焰撲過去。

整間酒吧只有我們兩個在喝酒，要不是沒人知道這間酒吧的存在，就是沒人像我們一樣，在排毒療程開始八小時後就破戒。我看到酒吧外面一座很高的架子上有一整排巧克力兔子，不是那種一口大小、可以連續吃好幾隻的迷你巧克力兔子，而是和兔子等身大的巧克力兔子，閃閃發亮的金色包裝紙不斷誘惑著我們。

「真殘忍！」我震驚地指了一下兔子。

「應該是復活節快到了。」瑞秋不情願地嘆了口氣。

「排毒的復活節假期。」我回覆道。

我們靜靜地喝完酒，吞下了更多蔬菜粥，頭痛欲裂地上了床，此時還不到晚上十點。

接下來的三十六小時內，三隻兔子不見了，瑞秋發誓不是她吃的，還指控我讓她獨自一人戒碳水。我們決定我們要想辦法逃出去，我們知道逃出去是有可能的，因為我們在酒吧遇到一個名叫格瑞戈里的俄羅斯人，他說他是這間休閒中心的常客，但他也承認受不了飢餓時，他都會偷溜去當地的餐廳吃海鮮。

我們在休閒中心的牆邊走來走去，試圖讓自己看起來沒那麼可疑，就像兩個決定在下午出來散個步的人一樣，實際上，我們在偷偷觀察哪裡可以讓我們偷跑出去。我不確定我們能不能就這樣離開，因為那裡完全沒有一個明顯的出口，我們前幾天從車道進來的大門是關著的，現在才過兩天而已嗎？正當我們要放棄時，瑞秋看到圍欄上有個裂縫。

我們朝著披薩店的百葉門跑去，「七點才開門。」瑞秋難過地說道，現在才三點，整個小鎮像是在睡午覺一樣，就連書報攤也在休息。我們夾著尾巴回到休閒中心，倒數著距離酒吧開門還有多少時間，這是什麼奢侈的煩惱。有趣的是，飢餓導致我們神志不清，整趟旅程都沒有停止大笑，好像我們找到了共同語言：共同的經歷，以及讓我們更親近的、只有我們兩個才懂的笑點。

隔天就是最後一天，營養師為我們進行最後一次評估。瑞秋的體重沒變，所以我被迫相信她沒吃巧克力兔子，我卻重了兩公斤，醫生說我是「異類」，我們在機場買了所有買得到的零食，在回家的飛機上全部吞下肚，一種全新的安全感像毛毯一樣包覆著我們。

瑞秋和我同居了幾個月後，某天，我未來的先生要我搬去與他同居，這不是動人的時刻，因為過去幾個月內，他已經問過我好幾次了，他總是能夠看透我的心，但這次我覺得我再不答應，他會開始懷疑我為什麼這麼不情願。

我也不是不想與他同居，只是我已經和我愛的人住在一起了，她透過當我的好朋友，教會我如何當一個好朋友。

我當時覺得宣布這個消息最好的地方是家具行，讓我們被許多毛茸茸的毛巾和肥皂盤包圍，瑞秋很喜歡好的浴室內裝，我希望這個溫馨的環境可以讓她更容易接受這個消息。

「我要搬去和提姆同居了。」我脫口而出道，手指緊張地來回摩擦藤邊置物櫃的邊緣，「我很抱歉，我很喜歡和你同住，但如果我不搬去和提姆同居，我怕他會提分手。」

我們靜默地經過各色各樣的馬桶刷。

「我會想你的。」瑞秋說道，並給了我一個擁抱，「但你會很開心的。」

我搬離她家幾週後，寫了一張卡片給她，上面寫著「我來，我『狐』鬧，我離開」，還畫著一隻戴著單眼鏡和德比帽的狐狸。

「牠們做愛時都在想你。」她當晚傳了一則訊息寫道。

解除好友關係

迷思：比起解釋哪裡出問題，直接失聯還比較仁慈

如果你傳訊息給一位朋友，她卻沒回覆，如果她像我一樣都不太回訊息，那你可能不會多想什麼？但如果隔天還是沒回覆，甚至事隔一個星期都沒回覆，你再傳一次訊息說道：

「週末一起吃早午餐？有空嗎？」

沒有回應。

「親愛的，我有點擔心你，如果你忙得不可開交，也不一定要約早午餐，需要幫忙都可以說。」

沒有回應。

「你有收到我的訊息嗎？」

你開始心想，到底是什麼原因讓你朋友無法回訊息，有點像你約會的對象停止

回覆訊息一樣，你覺得一定是發生了什麼慘烈的悲劇（又或者是因為對方太喜歡你了？）也許你的朋友被一個很重的東西壓住了，沒錯，一定是這樣的，她浴室的櫃子掉下來砸到她，把她的手機撞飛到一個她碰不到的地方，或者她一時興起去度假，在去機場的途中弄丟手機，她度假的島上又沒有網路，沒錯，很合理。但隨著不回覆的時間越拉越長，變成幾週或幾個月，你最後沒辦法，只好接受她就是選擇將你踢出她的人生。

歡迎來到肯定不友善的沒朋友世界。

好友關係的解除不一定是鬧翻或者直接失聯，友情有時候可能就是漸漸淡去，也許你被朋友甩過門，或者一封信放在你門前告訴你，你們的友情結束了。你可能會在社群媒體上被解除好友關係，或者是由你主動解除好友關係，但我們在生活中多少都會遇到一次，辣妹合唱團可能試著告訴我們友情永遠不會結束，但是五位辣妹合唱團的團員都知道，這不是真的。

真實情況是：被一名女性朋友甩掉和任何感情分手一樣令人心碎，一樣讓人錐心刺骨、不知所措，你一樣會因為意識到她已經從你生活中消失而感到震驚，過去美好的記憶一樣會在你腦中重播：你們戴著手套、喝著結冰的瑪格莉特，她在五金行要求你買特殊的油漆，她在你需要時牽起你的手的那一刻。

任何可能導致戀情結束的原因，也都適用於女性友誼：忽視、嫉妒、溝通不良、拒絕妥協、背叛或說謊、價值觀不同、以不實際的標準要求對方、不願意給出承諾、不願意傾聽、不尊重或沒有同理心等，隨著時間過去，上述這些理由不管哪幾個組合在一起，都會消磨掉你們的友誼，就像浴室裡放了太久的肥皂一樣又薄又易碎。失去朋友和失戀的症狀可能一樣，但得到的反應可能不一樣，當你被男友甩了，大家會陪在你身邊、給你支持，我們知道分手的感受是什麼，我們想要幫忙減輕痛苦，但是與朋友分手呢？可能只會感覺非常孤單。

當然，有時友誼的結束是一件好事，決定讓某人離開你的生命對你比較好，這樣的決定並不幼稚，反倒是一個很成熟的決定，因為你優先處理了你的情緒需求，只是我們處理這種事的方式通常比較不成熟。

友誼裡沒有所謂的「直至死亡將我們分開」，沒有所謂的友情里程碑或者確認友情幻滅的象徵，我們不會像討論愛情一樣，討論該如何維持友情，這表示當友情開始走下坡時，我們都會不知所措，我們不知道如何反應，或者甚至不知道這段友情值不值得挽救，我們通常就只是默默地走開。

「因為女性友誼沒有準則，沒有慶祝儀式，什麼都沒有，你想做什麼都可以。」友誼專家莉茲．普萊爾說道，「這麼說有點難為情，如果讓我們自己處理，我們會選擇離開這樣一段美好的人際交流，而且認為沒有必要告知對方，這種處理方式可能會造成某些人的創傷和痛苦，而且我們竟然還是沒有好好談論這件事。」

所以我決定說說一些我自身的經驗，也分享其他女性的經驗，希望能幫助其他人度過解除朋友關係這個心痛的決定，並瞭解還有別的方式可以處理這樣的情況。因為老實說，這個章節是我寫過最難寫的文章之一，你腳下的地殼下方其實不是岩漿，而是隨著女性友誼的結束而生的痛苦與羞恥，只要輕輕拍打表面，激動的情緒便會噴發出來。這件事讓我很驚訝，因為我們很容易以為只有自己在經歷這些事，但相信我，你不孤單。二〇二一年，廣播節目《女性時刻》為這個主題作了個專題，艾瑪·巴奈特告訴她的聽眾，她「從未看見訊息傳進來的速度如此飛快，看樣子這件事帶來的痛苦真的很深刻。」

這些成年女性朋友的分手如此心痛，讓許多受訪的女性告訴我她們無法再重述當時的狀況，她們向我道歉，並承認這些分手還是讓她很痛苦，有幾個曾公開談論朋友分手的女性說道，她們不敢再提起這件事，「我不想把事情變得更糟。」一位女性傳來的郵件上寫道。

說到解除朋友關係，我不確定還能糟到哪裡去，每天都有幾段女性友誼會結束，但我們卻不太清楚事情的全貌。過去幾乎沒有任何重大科學研究，探討女性友情造成的心碎會帶來什麼樣的情緒衝擊，這讓我十分震驚，也許這就是我們覺得很難啟齒討論這件事的原因。更令人難以置信的是，女性友誼的結束可能真的會改變你心臟的形狀，甚至可能導致死亡。

在我寫這本書的同時，倫敦帝國學院發表了一篇關於「心碎症候群」[29]的研究，其正式名稱為章魚壺心肌症，基本上就是突發性地心臟衰竭，你的心臟會衰弱且變形，變得像是日本抓章魚用的圓底章魚壺一樣（想不到吧。）英國每年約兩千五百人受此症候群影響，大多數是女性，此症狀有點類似心臟病，多數情況可恢復，但也可能致命。

這個症候群通常是由心碎或極大的壓力導致，但也可能是「瞬間的情緒刺激」，根據研究主持人希安．哈汀（Sian Harding）表示，此項研究點出兩種小分子核糖核酸上升程度和患者的焦慮程度有關。

有鑑於心碎症候群對女性有極大的影響，並可能因情緒刺激而導致，如此一來，怎麼還能說女性友誼的結束不會導致心碎症候群呢？「這是一個有趣的問題，如果患者受到強烈的情緒刺激，這當然有可能。」希安在一封郵件裡回答道。

根據真正瞭解心碎的科學家的說法，你可能會因為被女性朋友甩了而死亡，所以下次當你決定甩掉一個女性朋友時，不妨先想想這件事吧。

當然，不是每段友誼都能走到最後，因為很多前面已經探討過的原因，你們可能會漸行漸遠。有些友誼注定只是暫時的，像是某些在特定工作場合、夜店或是某個嗜好退燒以前交的朋友，這很正常，但是女性要結束一段長期、親密的友誼時，會先假裝這段友誼完全不重要，並讓另一人在完全不清楚的狀況下獨自傷心，這種處理方式才不該被視為正常，就像是未審先判一樣，你甚至不知道自己被以哪一項罪名起訴。

心理學家泰莉．艾普特認為，這一切都是因為女性從小被灌輸太多完美女性友誼的想像，認為她們永遠都會合得來，並且對每件事都有共識。「好朋友都不會吵架是一種迷思」，她說道，「所以當她們真的產生爭執，不是裝沒事，就是心想：『這個爭執影響了我，所以這不是友誼，我必須離開。』」

當一段友誼遇到障礙，我們便不知道該怎麼做，並將其視為失敗，但我們完全不想去談論這件事，這個理性的選項不存在，謝謝！最好的作法還是自己吞下去，暗自反覆想著你朋友做了某些事惹你不高興，卻又不告訴她們。接著，當她們在不知情的情況下，再度說同樣的話或做同樣的事，你就直接暴氣走人，太好了，很高興我們都同意這是最成熟的處理方式。

女性被社會教育不要過於激動，我們從小就被教導要溫柔，我們非常擅長這件事，所以我們讓那些激怒我們的話語從耳朵進出，我們忽視朋友輕視自己的舉動，我們讓沒說出的怒氣、嫉妒、罪惡感和創傷不斷累積，直到我們開始暗自憤怒，氣我們的朋友看不出來我們在對她們生氣，雖然我們從來沒對她們生氣過，因為我們太忙著生悶氣了。

這一切都表示我們傾向讓事情變成「壓倒駱駝的最後一根稻草」，並在沒有任何解釋的情況下結束友誼，就這樣拆除友誼的橋樑，抽乾護城河，換掉城堡的鎖，並對你剛分手的前朋友沒有任何解釋。根據專家的說法，女性比男性更不願意解釋分手原因，我們想避免衝突，也不想讓她們有機會為自己辯解。這是最困擾我的一件事，有太多女性獨自感到罪惡、丟臉、被蒙在鼓裡，這可能會影響一個人很多年，一位女性受訪者甚至還告訴我，「這比離婚還糟糕」。

喬琪（Georgie）對友誼心碎的敘述讓我很想哭，她在封城期間生了孩子，隨著防疫規定開始鬆綁，她非常希望朋友們能到她家花園見她兒子一面，但是其中一位懷孕的姐妹拒絕了，因為她覺得這樣不太安全。

「我知道我必須尊重她的決定，但我越想越生氣。」三十七歲的喬琪說道，「我知道她還是會去超市或在家附近的飯店度假，但她不打算來看看我的寶寶，顯然我在家抱怨太多次，最後我先生直接打電話告訴她我很難過，她問他為什麼要把事情弄得這麼難堪，我到現在還不敢相信，可能因為我在封城期間生小孩已經受了很多氣，所以才會感覺被傷得更深，我的生產過程和產後照護都和原本計畫的都不一樣。」

「一直到心理諮商師告訴我，人們在疫情期間的行為模式會不太一樣，我才漸漸能接受事實。我還是不能接受她不和我先生對話，也沒有試著讓我們有機會見面，所以我告訴她，我需要一點時間，希望自己可以放下這件事。她說，如果我不打算談的話，我們的友情就到此為止。這件事之後，我們再也沒有聯絡，我需要將她引起的憤怒逐出我的人生，所以我需要她離開我的人生。」

喬琪這段回憶中的心理變化讓我很難過，你若曾和親近的人說過再見，一定也會有相同感受。

「這件事發生以前，我可能還不會用心碎形容友誼的結束，但這真的和愛情的心碎一樣痛。」她解釋道，「她真的讓我徹底心碎，我可能無法具體形容到底有多痛，我感覺好像必須大聲尖叫才能宣洩怒氣，但是這股怒氣在我身體裡流竄，經過的每個地方都讓我再次感到疼痛。這種感覺就如同親人過世一樣令人悲痛，因為這種傷痛讓我感覺我無法控制自己的情緒。」

坦白說：說到和朋友分手，我也有些不光彩的經驗。不讀不回在二十一世紀初還沒那麼盛行，但當阿嘉莎和我不再邀請另一位女性朋友來我們出社會後的聚會，我們的做法就是不讀不回她，但我們當時應該做的是告訴她，我們覺得她總是在尋找更好的朋友。我們有很充分的理由離開那段友誼，但也有更好的作法，但我們沒有這麼做，我們就直接不理他，雖然她也沒有想要和我們和好的意思。

一段友情開始變得不平衡，對友誼最真實的試煉也會隨之而來，不再主動聯絡，等待對方主動聯絡，然而，這也是一個很有風險的遊戲，你要有輸的心理準備。我認識的一位女性就是這樣對待她的大學老友，這名大學老友搬到倫敦後，似乎就對她的生活失去興趣，後來兩人也漸行漸遠了。「她生日那天，她打算在去酒吧以前，先在她家喝幾杯。」她說道，「我男友和我已經答應要去幫另一位朋友慶生，所以我們告訴她，和她在酒吧會合。結果她沒有出現，我們等了兩個小時才離開，而且她還沒有道歉，我覺得這就是壓倒我們友情的最後一根稻草，很顯然她不重視我們的友情，所以我決定除非她先聯絡我，否則我一定不會聯絡她。但她從來沒有聯絡我。」

很難以置信吧，我們就是要讓重要的友情充滿重重阻礙，為了什麼？就因為懶惰或者因為朋友先去幫別人慶生？（雖然大家都知道，越棒的派對最後去最好。）

「我們可以和一名男子約會三次，如果我們不喜歡他就說：『不是你的問題，是我的問題。』我們會說：『我要搬家了。』我們會說謊，但至少我們會做一些事」，莉茲．普萊爾說道，「然而，你可以和一位女性朋友有二十年的交情，卻不覺得自己該說點什麼，就直接人間蒸發。」

幾年前，我有一位朋友想要下班喝一杯，「我七點下班，到時候見？」我的訊息寫道，「太可惜了，我五點半下班」她回覆道。她公司附近都是首都最棒的博物館、商店、公園和酒吧，但很顯然她不知道該怎麼打發這一個半小時。看到她這樣的反應，我就完全理解了，就像她拿著大聲公在我耳邊大叫：「你不值得我花九十分鐘」。

我們最後在某個星期六下午見了面，當我們一起走在人行道上，我突然感覺我的後腦勺好像被什麼東西擊中，可惜不是我頓悟了。起初我以為是有人拿石頭丟我，我用手一摸，感覺頭髮濕濕的，我流血了嗎？天阿，拜託不是狗屎。

不是的，我朋友笑著說道，我被蛋擊了，她看到一群男孩跑掉，很好笑吧？非常好笑，下午三點在倫敦街上被雞蛋攻擊，我想不出比這更好笑的事了。

雞蛋散發出一股臭味，我盡可能地想將蛋殼和蛋液從頭髮上清除，我當天早上才用電棒把頭髮燙得很直，但那位朋友完全沒有打算幫忙，或者可能完全沒注意到我的狼狽樣，只是自顧自地說著自己的事，這個完全沒打算幫助我的行為讓我們的友誼產生裂縫。我回家後馬上去洗頭，我可以向你保證，蛋白完全不會讓頭髮更柔順光亮，我決定我不再主動聯繫她，如果她傳訊息給我，我會回覆，但她都沒有。

（註：我們最近在公園偶遇，我聽到她大聲叫我，幾個一臉茫然的家庭轉過頭來看我，好像希望看到一個西班牙人大發雷霆一樣，「找個時間一起喝杯咖啡吧！」她

說道，我們交換了電話號碼，那天晚上，我傳訊息給她說道，如果能一起喝杯咖啡，那將太好了，但你猜後來怎麼了？她完全沒有回覆。）

某方面來說，我很感激自己當時有傳訊息給她。六十七歲的愛麗絲接受訪問時也提到，她曾忍受了一個只在乎自己的朋友很多年，「她自稱是我的朋友，但她只在乎她自己和她的家人，她從來沒關心過我的生活。」她說道，「她很自豪自己有著世界上最聰明的小孩，她家是最時尚的，她會向我吐苦水，但從不傾聽我的煩惱，我開始感覺自己被利用，所以我漸漸不太理她，我們的友情也漸漸淡掉。雖然聽起來很殘忍，但我當時確實鬆了一口氣。」

愛麗絲的故事讓我想到《我的媽啊》（Motherland）這部影集，一部非常寫實的情境喜劇，主角是一群總是在學校門口等待接送的的媽媽，影集裡最讓人又愛又恨的是強勢母親亞曼達（面善心惡的絕佳代表）和她的副手安之間的友誼，安總會聽亞曼達說著自己完美的人生，某一場戲裡，亞曼達甚至在她們所有朋友面前貶低安，甚至還操縱安的情感。

亞曼達：安，你在連鎖麵包店工作多久了？

安：我從沒在麵包店工作過，我以前是全球保健食品公司的產品開發主管。

亞曼達：為什麼我一直以為你在麵包店工作？你確定嗎？

安：沒錯。

亞曼達：我無法想像你在辦公室工作，安，我覺得你和蛋糕、泡芙比較合，真的不是麵包店嗎？

安：不是，我只有去那間麵包店消費過一兩次而已。

這個例子或許太極端了，但我們都親眼見過這種滅他人志氣只為了長自己威風的人，或者我們自己就是其中的受害者。我們都看過這種模式（幾乎每個觀眾到最後都會支持安結束這段友誼。）

五十七歲的喬安娜．摩里斯（Joanna Morris）來自薩里，她完全瞭解身處這種不平衡友誼是什麼感受，她認識三十年的的閨密對她不理不睬至今已經十年了，當我們進行電話訪問時，她說，就連現在要和我說發生了什麼事，她都還是「心有餘悸」。她們友誼的開始和我們許多人相同：她們在學校遇見彼此，青少年時期都很要好，二十幾歲時曾住在一起，喬安娜是她閨密的伴娘，她們的先生也成了好友，她們的小孩年紀差不多，一切都很完美，接著她的朋友因為工作搬到國外去了。

「他們去了大概一年之後，我接到一通電話，她說她要回來，想問我可不可以先暫住我家。」喬安娜回憶道，「她打算離開她的先生，她說她的婚姻結束了。」

「她的家人跟著回來以後，一切都亂了套，她後來打算搬去和一個新男人同居，好像想趕快再建立一個新家庭一樣，但我不覺得她應付得來。之後好幾年，他們分合多次，他們每一次分開，她都會打給我，我都會過去看她，我記得某次我甚至直接走出餐廳，將另一個朋友丟在我家，只為了確定她沒事。」

某次他們分開後，喬安娜告訴她朋友，她不該再和他復合，從那時起，一切都變了。

「我說，『你在為你兒子做什麼樣的示範，他可以這樣對待女人嗎？那你女兒呢？身為女人，你可以讓一個男人對你為所欲為嗎？』」喬安娜說道，「她並沒有當場對我發飆，但她確實開始不太理我，她回我訊息的速度越來越慢，接著她再也不回了，到了今天，我還是不太理解，我還是感覺很受傷，我以為我們可以是一輩子的閨密。」

這種不明白為什麼朋友突然就不聯絡的感受，讓莉茲・普萊爾感到絕望，她常常和那些結束友誼的女性談話，她說，這些女性總會將自己的行為合理化，「我真的無法告訴她，這會傷她很深。」莉茲補充道，「但她們沒有理解到的是，根據我自己痛苦的經驗，正因為什麼都沒說，反而讓對方的心懸在那裡，這對她是二次傷害，這才是最自私的行為，因為她們還想將其包裝成同理心。」

那麼主動結束友誼的人有什麼話要說？我訪問了許多主動結束友誼的女性，不意外地，她們多數人都說，她們至今還是感覺過意不去。以二十九歲的艾絲琳・歐里瑞（Aisling O'Leary）為例，「某年夏天，我們在國外遇見彼此，之後甚至還住在一起，接著我便開始覺得：『天啊，你們和我生活中其他部分太不一樣了，我其實不認為你們適合現在的我。』接著，我就將她們完全排除在我的生活之外。」她說道，「現在回想起來，真的很殘忍、很糟糕，我就直接不回她們任何人的訊息。讓別人靜靜地待在你的生活裡也沒關係，讓一切順其自然，大家對於這件事的接受度還不夠，但我當時的舉動確實很殘忍。」

「我先生是個比我和善許多的人，他不會輕易討厭別人。」四十九歲的提娜說道，「但當我們離開朋友家，他說：『我覺得她是真的很討人厭，我不介意你再來拜訪她，但我不會再來了。』這是我們從交往到現在，他第一次說出這類的話，我心想：『其實他是對的。』在那之後，我就完全忽視那位朋友，她太情緒化，我無法處理她的情緒，我也不想再處理她的情緒了，這會太消耗我的精力，我已經沒有太多力氣處理這些事，但我真的感覺到了罪惡感，我同時也很害怕會在馬莎百貨遇到她，然後心裡想著：『太好了，我得面對她了。』」

這很真實，對吧？那些拋棄過朋友的女性不管自己的感覺會有多糟糕，就是不願意費心解釋理由，當我們說出，「我處理不了你的問題」，其實真正的意思是「我不想處理你的情緒」，我們都喜歡避免衝突，我也不例外。我也和提娜一樣，嫁給一個好到令人討厭的男人，他和誰都處得來，他就是那種在社交聚會結束後會笑著說某個人有多好的人，你要糟糕到一定程度，他才有可能討厭你。我們在一起差不多兩年時，他曾指出我朋友是他見過最自我中心的人，我突然覺得自己好像是被一隻濕拖鞋打了一巴掌。

「你怎麼敢這樣說我朋友。」我說道。

「她從來沒有關心過你的生活，她也沒有關心過我的任何事」，他回覆道，「這樣很沒禮貌，也讓我不想多花時間和她相處。」

我的回應相當成熟，「那就不要。」但在那之後，我仔細想了一下他說的話，我感覺他可能是對的。我們上次聊到不是以她為主的話題是什麼時候呢？在那之後，我故意漸漸疏遠她，我發現自己默默鬆了一口氣。

拉德希卡·桑加尼（Radhika Sanghani）是少數幾個能直面友誼結束的女性，在我的研究裡，她的經驗和其他人都不一樣，因為她向她的前朋友道歉，她們好好聊了這個「分手」。她朋友不但知道發生什麼事，而且還知道原因。

「我試著疏遠一個朋友」，她說道，「但她傳了一封郵件寫道：『我們可以聊一下嗎？』所以我告訴她，『我很抱歉，我覺得我們的共通點變少了，因為這些原因，所以有時連和你見面，我都覺得很困難。』我感覺很糟，她是真的受傷了，我只能跟她說：『我很抱歉，我真心希望你一切都好，我只是覺得這段友誼對我沒有益處。』這感覺很像情侶分手，沒有人喜歡分手，因為感覺很痛苦。」

「這聽起來很戲劇化，我想像我媽一樣和我不同世代的女性，都會覺得這一切很奇怪。」她補充道，「但這表示我現在手上的友誼都是高品質的。」

✿

語言學家黛柏拉．泰南在《你是我唯一可以傾訴的對象》（You're the Only One I Can Tell）一書中提到，朋友雙方對一段友誼結束的看法，「那些被拋棄的一方……幾乎都會說她們不知道為什麼。」她寫道，「我感到很詫異，兩方的想法真的如此涇渭分明嗎？有沒有可能過去某段我認為就是長大之後漸行漸遠的友誼，在對方眼裡卻是她被單方面解除朋友關係？或者是反過來呢？」

莎拉和我在六年級變成好友，我們都喜歡獨立音樂、馬里布、鳳梨果汁和那些會吸收路面積水的寬褲，整個大學時期，我們都透過電子郵件互相聯絡，在假日約出來見面，通常是在披薩店吃披薩配麵包球，以學生的財力來說，這已經算是挺奢華的。當她二十幾歲時，因為工作搬到國外，我們從來沒有失聯。當她的感情生活變得複雜，我記得我傳了許多支持的訊息，衷心希望事情朝著她想要的方法進行，後來怎麼了？我以為我知道，但是我翻完信箱裡的所有信，決定推翻我這個版本的故事。

結果愛情的騷動找到了出路，莎拉和她男友搬回倫敦而且訂婚了，她的單身派對有尋寶、有陰莖形狀的吸管，完全沒人感到不耐，因為她的單身派對是我有史以來參加的第一個，我當時也不像現在這麼討人厭。她們打算在國外舉行婚禮，我一直很猶豫要不要去，現在回想起來，我當時應該婉拒，因為我根本負擔不起旅費，也可能不認識那邊任何一個人，這在當時是很可怕的一件事。但我一拖再拖、沒有回應，我感覺她好像太早婚了，而且還要嫁去國外，嫁給一個我幾乎不認識的人，我感覺她現在要放棄我們的友情，但事情完全不是這樣。我不希望一切改變，所以不願意承認一切其實已經改變，最後，我並沒有去參加她的婚禮，慚愧的是，我甚至不記得有送禮物，雖然我多麼希望這只是我錯誤的記憶，我相信我至少有寫張卡片過去，我一定有的。

在我眼裡，我們的故事在這裡就結束了，她很生氣，我感覺很糟，因為我沒有解釋清楚，但當回頭看以前的電子郵件（真佩服那些從二〇〇一到現在都使用相同電郵地址的人），事情卻不是這麼一回事。在那之後，我邀請莎拉來參加很多聚會，包含我三十歲的慶生派對，她和她的先生都沒有出現，但她在最後一封信上寫道，「如果我們能坐下來聊聊，那就太好了，如果你想要的話，可以聯絡我。」據我所知，我並沒有回覆，所以我們漸行漸遠了嗎？或是是我用沉默結束了這段友誼？她一直都是這麼想嗎？我認為可能有很多原因，當然其中也有許多不成熟的部分。

「從來就不只是因為一件事」，莉茲・普萊爾向我保證，「而是一件又一件讓彼此不舒服的小事累積起來，例如：你總是喝太多，你總是遲到，那些我們因為『人太好』而不敢當面說的事情，我的意思是，我們都會直接點出先生或男朋友糟糕的行為，但面對我們的女性朋友就比較『寬容』，我們以為自己這樣是有同理心的表現，但事實上卻不然，因為幾年後這些事情都會累積起來，等待壓倒駱駝的最後一根稻草。」

我從未像糾正我先生那樣糾正我朋友（雖然我也沒看過我朋友走到空的洗碗機旁，將髒碗盤放在旁邊），不是我不會對朋友生氣，只是我不一定會說出來，但如果我們打算更在乎、更尊重我們的女性友誼，如同我們對待感情一樣，那麼我們不是更應該對她們說出心裡話嗎？更應該進行這些有點尷尬的對話，像我早該對莎拉做的一樣？

「如果有一個親近的朋友傷害了你，你卻不說出來，這樣是脆弱、不勇敢的舉動。」莉茲補充道，「這樣不是人好，而是在耍笨，因為時間久了，這將會導致友誼的結束。」

五十三歲的蘿瑪（Roma）說道，她受不了一個朋友總是遲到，不是只遲到五分鐘，而是一個小時以上，她解釋道，這讓她開始感覺朋友對這段友誼不尊重，她原本已經打定主意不再理她的朋友，但她最後逼迫自己和她朋友坦白，告訴她自己有多生氣，她的朋友哭著說，這是她一直在逃避的問題，和蘿瑪沒關係，結果當她們一起想辦法解決問題，兩人的友誼變得比以往更親密了。幾年後，蘿瑪很高興她沒有因為這樣的對話很困難，就直接放棄一段重要的友誼。

艾絲琳．歐里瑞更進一步，她和一位認識很久的朋友去友誼諮商，因為這是她們分別多年後，第一次居住在同一個城市，但她們不知道如何讓對方重新融入自己的新生活。

「我們的友誼處在一個很奇怪的點」，她告訴我，「我們之間的溝通不太良好，我應該要更主動一點，但我就這樣得過且過。」

這還蠻合理的，如果你長期的愛情開始變質，你會試著挽救，前提是這段愛情值得挽救，如果你負擔得起的話，你也會嘗試伴侶諮商，那長期的女性友誼為什麼不能也試試看諮商呢？畢竟，這在情感上也是一樣親密和重要，也會出現相似的問題：互相依靠、溝通和承諾。

不可否認的事，如果搜尋「友誼諮商」，不會跑出太多結果，這又是另一件應該受到重視的事情。艾絲琳告訴我，她的兩名女性受訪者也正面臨著搖搖欲墜的友誼，她們因此決定去諮商，但她們的諮商師居然懷疑兩人的性向，試圖說服她們其實暗地裡深愛著彼此。

艾絲琳承認，友情諮商非常具挑戰性，正因為如此，她的朋友才不敢向其他人提這件事。

「這真的很不舒服也很直接」，她說道，「但這讓我們有機會說出一些說不出口的事。在一段友誼裡，若你不想說太多也沒關係，但在諮商的空間裡，沒地方躲，所以很自由也可以很可怕，因為你知道你們回不去了。」

現在是解除好友關係的時代嗎？我會這麼說，不只是因為當我向女性受訪者提出這件事，換來了她們許多的眼淚，也因為我們正一同經歷的事件。疫情期間，離婚案件的數量創新高，你和你以為價值觀相似的朋友之間也開始出現友誼裂縫，老實說，過去這幾年，你們多少人曾在看過朋友限時動態上的貼文以後，覺得非常需要深呼吸？

美國行銷公司二〇二〇年四月的一份調查[30]發現，百分之二十四的人曾在網路上和別人針對新冠肺炎吵架，百分之二十的人曾和朋友因為意見不合而解除好友關係。

然而，要按下解除好友的按鈕並不總是那麼容易，根據科羅拉多大學丹佛分校做的研究，在網路上解除好友關係，可能會帶來現實生活中的問題[31]。他們發現百分之四十的人會在現實生活中，避免接觸在網路上解除好友關係的人，女性的包容度比男性還低。

當四十一歲的蘇菲．曼福德（Sophie Mumford）決定從一個聊天群組離開，現實生活中的影響來得十分快速且影響劇烈。當時正值疫情高峰，她也為了三個還小的孩子和患有失智症的母親忙得焦頭爛額，我不知道你們現在的狀況如何，但我光聽就覺得很可怕，我需要煩惱的事遠不及她這麼多。

蘇菲同時退出了好幾個聊天群組，其中一個聊天群組裡的成員大多都是她認識多年的媽媽，這些媽媽的孩子都和她孩子同校，她認為這些媽媽是她的朋友，她傳了一則訊息寫道：「你們都對我很好，但是我最近事情有點多，不太有心力看訊息⋯⋯。」

她按下送出後就退出群組了，她在其他聊天群組也是這樣，她認為她的朋友應該會理解，大多數的朋友都能理解。

「只有一個群組覺得被針對」，她說道，但她只是輕輕帶過，事實上，她的這些媽媽朋友大多都沒說什麼，就直接在社群媒體上取消關注她，也沒有想要和她親自說幾句話。

「我覺得非常奇怪」，她說道，「我們的孩子同班，我們以前都會一起規劃假期，當你像這樣被某人逐出她的人生，你不知道原因，也不知道該如何怎麼釋懷。」

最後，她決定什麼都不做，接受她已經失去這些朋友的事實，「我覺得如果直接當面問她們這些事會很尷尬，我當時也有點希望她們會來和我說說話，其中一個媽媽真的來找我，她說：『我很抱歉，我反應過度了，我當時以為你離開群組的意思是不想和我當朋友了。』我那時也很希望其他人能像她一樣找我把話說開，但她們都沒有。」

如果你被解除朋友關係卻不知道原因，你還能做什麼努力嗎？坦白說，你真的無法做任何事。莉茲．普萊爾建議，你可以寫一封不用寄出的信，上面仔細寫下，如果有機會的話，你想對前朋友說什麼，我故意使用前朋友一詞，因為這一切都看每個人怎麼認定，如果她們心意已決，那你也很難挽回了。

「寫一封信，聊聊友誼並說出心裡真正的想法，」莉茲建議道，「你可以寫『我不知道為什麼，但很明顯我們已經不是朋友了，確認這段友誼的結束，對我來說很重要。』直接點出她的懦弱，『我有膽這麼做，我們不是朋友了。』這麼做好像可以為自己帶來一點力量，因為你能控制的事情就只有這麼多……你只能控制自己。」

這可能聽起來像是老生常談，但我很喜歡寫信這個提議，或者也可以寫電子郵件，透過這種方式賦予你決定權，這也包括將你的前朋友從社群網站上移除，或者在浴室裡想像和她們的對話，講出你需要說出來的話再劃清界線。

重點是不要讓自己重蹈覆轍，像我和那個冷眼看著我被蛋擊的朋友一樣，或者我和安娜。我在安娜貼出父親過世的貼文後，透過網路與她聯繫，我青少年時期常常去她家，我傳了一段訊息安慰她，但她都沒回應，也許她認為，我打擾到她獨自傷心的時刻，也許我本來就不應該期待任何回應。在她結束我們的友誼二十年後，這件事讓我終於接受現實，她一定沒有將我視為她生活的一部份，她對我的看法一點都不重要，事實上，任何不認識我的人對我的看法都不重要，那只是她們個人的看法，也不見得是一個好的見解。

大方談論被解除朋友關係這件事，或許是幫你走出痛苦的最後一個也是最重要的方法，如果這是痛苦的愛情分手，你一定會告訴朋友你的感受，談論友情的分手也是這個道理。你生命中任何親密關係的結束都值得被認真對待、被哀悼，但唯有說出你的痛苦經歷，才能達到這個效果，當一切都攤在陽光下，羞愧感自然會減少，所以不要躲在暗處獨自悲傷，把事情說出來，正常地看待這些事，我相信你其他朋友也會支持你，而不會覺得你只是小心眼，因為我發現幾乎所有人都被解除過朋友關係，所以是時候來討論這些經歷了。

風趣的朋友

迷思：女性不會鬥嘴

根據馬里蘭大學已故心理學家羅伯特．普羅文（Robert Provine）的研究顯示，我們生活中最常大笑的場合，就是和朋友一起參加的社交場合，他的著作《笑聲：一項科學研究》（Laughter: A Scientific Investigation）中提到，當我們身旁有伴，大笑的機率是平常的三十倍。他提到，重點不是笑話或對話內容，而是身旁有另一個人。笑聲是我們溝通的方式，表示我們喜歡或懂她們，是我們感情的黏著劑，這在女性友誼間再真實不過了。

女性就是需要用氣泡酒或白酒把自己灌醉後才能放聲大笑，這是一個非常不好笑的迷思，這種令人不快的刻板印象認為，男性友誼間常見的鬥嘴，放在女性友誼裡，只會出現在一群人喝醉大笑的單身派對。

「大眾對女性『喝酒時光』有著刻板印象，好像我們只能透過喝酒建立友誼。」

「輕年人」的艾蜜莉·麥米坎說道，「老實說，我人生中最有趣的那幾個夜晚，我都沒喝酒，而是一群人圍著廚房的桌子。」

雖然男性友誼裡的幽默可能比較明顯，但這並不代表女性友誼就無法如此幽默，我們之間也有一些很精彩、機智、讓你笑到流眼淚的鬥嘴，雖然我們可能不會這麼稱呼這些對話。我們一起笑的時間比大哭或抱怨還多，我們也可以笑得很大聲，只是我們這些互動並不會像「男性之間的鬥嘴」一樣被討論。

想要一些證據嗎？加州大學於二〇一六年主導的一份研究，探討了全球二十四個不同的社會中的笑聲，發現相較於一群男性朋友或者男女混合的朋友圈，一群女性朋友更常一起大笑[32]。

「我們總是認為幽默感是男性的優點，女性不一定具備幽默感。」演化人類學家安娜·麥菁說道，「但女性友誼最棒的一點是，你可以有一些非常親密的對話，也可以一群人一起耍笨，女性也常常鬥嘴。」

這也是為什麼我的女性受訪者中，許多人都會使用「笑」這個字描繪自己的女性友誼：

我們現在還是會笑著說這件事。

我們一起大笑。

我們每天花好多時間大笑。

她們讓我笑到肚子痛。

自嘲和笑別人很有幫助。

那我們從這些大笑中得到什麼？親密感是其中一個好處。

「若要和另外一名女性建立關係，幽默對我來說是很重要的事，比任何事都還重要。」二十七歲的薩米哈（Sameeha）說道，「如果你們聽得懂彼此的玩笑話，那將會是最美好的事，幽默裡還有許多難以言喻的東西，就好像另外一種語言，對我而言，這是友誼裡最能連結兩人情感的特質。」

你會感覺你和另一位女性朋友頻率相同，你們看同一齣情境喜劇，對同一件事發笑，這樣的感覺可以讓你們建立一段關係，對我而言，當我看著某樣東西，我知道我們兩個一定都會覺得很好笑，這種感覺會讓我覺得她們很溫暖。我記得我遇過一名女性，根據報告，她應該會是我很好的朋友，一個我很想進一步認識，也相信頻率一定和我相同的人。然而，我們一起出去喝酒和吃晚餐幾次後，我的感覺開始變了，我們之間沒有那麼多笑聲，每當我試著說一些俏皮話讓對話輕鬆一點，她的反應總是認真又嚴肅，我們就是不懂彼此的幽默感，這對我而言，表示我們一定無法一起放鬆或暢談心事。

這也沒關係，我們的幽默感不一定要取悅所有人，你不需要為你覺得好笑或不好笑的事辯護，這只表示你如果遇見和你有著相同品味的人，將會是一件很重大的事，你不需要有所保留。

除此之外，我們**如何**大笑也很重要。根據加州大學的全球研究顯示，女性在陌生人旁邊的笑聲和在女性朋友旁邊不一樣，當我們和一名不認識的女性在一起，我們很可能會模仿她們的笑聲，當我們和朋友在一起，我們笑聲的音調和音量會有很多變化，這種笑聲非常自然、真實且充滿興奮感，我們基本上就是放鬆做自己了，我無法想像任何更快樂的事了。有時你們只需要說一個字，就會喚起強大的回憶，讓你們笑到岔氣，我只需要對阿嘉莎說「骯髒賤女人」，我們就會回想起施洛普郡那個非常糟糕的營地，進而笑到流眼淚。那個營地的主人是一對從茱莉亞·戴維斯（**Julia Davis**）的情境喜劇裡走出來的夫婦，他們在我們露營最後一天早上，對著浴室裡的我們大叫，只因為他們覺得我們佔用浴室太久。

如果旁人無法理解，那就更好了。幾個月前，依茲傳訊息給我寫道，「我發現我很難解釋麵包丁先生的笑話。」這是我們從青少年時期就一直在講的笑話。有一次我從湯碗中弄出一顆麵包丁，「麵包丁掉了。」依茲說道，「誰是麵包丁先生？」我一臉困惑地回覆道。你看吧？這對當時不在場的人來說一點都不好笑，但對我們而言，這是我們過去三十幾年的生命裡最好笑的時刻。

除此之外，女性受訪者們還迫不及待地想告訴我，她們女性友誼中的重要關鍵就是互相調侃。

「互相開玩笑是我表達愛的方式。」我一個朋友這麼說道，她說得很對，不是嗎？雖然我很希望我們能標記友誼里程碑，告訴朋友我們愛她們，而不是殘忍地離開對方，我覺得女性友誼比較嚴肅的一面，有時會掩蓋掉女性朋友間互相調侃的喜悅。當我想到我的朋友西西莉雅（Cecilia），我總會忍不住大笑，西西莉雅是一名非常優雅、事業有成的女性，她在婚禮當天，坐在一輛古董車上準備要去婚禮現場，結果她突然發現自己忘記刷牙，她身穿象牙色的美麗婚紗，妝容完美但頭髮凌亂不堪，嘴巴還殘留昨晚的大蒜味，我們絕對不會讓她忘記這件事。

「女性朋友之間也會產生許多笑聲，雖然坐在一起哭泣或織毛毯，說著我們賀爾蒙的變動等事情也有其存在必要，但女性聚在一起做這些事的比例不到一成。」珍・加維（Jane Garvey）這樣告訴我，她和她的播客主持人搭檔菲・格洛弗（Fi

Glover）的友誼就是奠基在鬥嘴上，「我們常常互相調侃，但我們也會互相支持，女性朋友之間本來就很常互相調侃，只是不像男性朋友之間的鬥嘴一樣常常被提及。」

如同安娜．麥菁博士所說，「如果你可以開某人的玩笑而且她們還會愛你，你就會知道你真的可以依靠他們，這才是真正的親密指標。」

「我們表達愛的方式就是互相調侃」，國會議員潔絲．菲利普斯說道，「只要有人做出一點奇怪的舉動，就算已經是三十年前的事，只要我們聚在一起就一定會提到，我們有一位朋友，平常說話都比我們優雅一點，某天，她脫口而出『巧莓』，從此之後，她的每張生日卡片，我們每次聚會，都一定會拿『巧莓』來開玩笑。」

事實上，我們很會拿我們的生活開玩笑，從瑣事到悲劇都可以拿來開玩笑，這也是為什麼居家派對中最棒的對話，通常都發生在一群女性一起聚在廚房，這也是為什麼最棒的女性著作都圍繞著我們日常中荒謬的瑣事。

「女性非常善於將幽默融入日常生活」，艾蜜莉．麥米坎說道，「如果這一切都不好笑，我們很有可能撐不下去，只有你的女性朋友能幫你笑看這些事。」

在最艱難的時刻還能笑看一切，這讓我們之間的關係更加緊密，如同桃莉．巴頓（Dolly Parton）在一九八九年的女性友誼電影《鋼木蘭》（Steel Magnolias）裡所說，「破涕為笑是我最喜歡的情緒。」女性很擅長透過這種方式面對生活中的打擊，看見其中的黑色幽默，並利用黑色幽默幫助我們面對各種難關，從離婚到死亡，更別說我們身體出狀況時，身為女性，我們常常需要面對身體的各種狀況，所以我們很自然地就會將其轉變成幽默。我有子宮內膜異位症，這讓我很痛苦也常常很虛弱，我每個月都有一段時間痛到趴在地上站不起來，缺乏對這種病症的認知是很可怕的事。每十名女性就有一人承受這樣的痛苦，平均七年才會確診，通常都是看過了無數個不相信你有這麼痛的醫生。這件事真的不好笑，但這不代表我和我的女性朋友不會拿這件事開玩笑，我都開玩笑地說，醫生將一個套著保險套的假陰莖相機放進我的身體裡（這是專業術語），我們必須和其他女性一起笑談這件事，不然一切就會變得難以承受。和我一樣罹患子宮內膜異位症的艾瑪・巴奈特說：「如果你曾幫別人放棉條或將卡住的棉條拉出來，你就知道怎麼開玩笑了。」

我永遠記得西西莉雅和我分享她生小孩的經歷，她說，她前一分鐘還像森林裡的動物蹲坐著生產、叫到嗓子都要啞掉了（都是本能使然），幾分鐘後，她就坐在病床上吃著瓷盤裡的白吐司配果醬、喝著茶，這種改變人生、十分超現實的經歷真的太有趣了。

語言學家黛柏拉・泰南回憶起一段故事，她曾和她的一群女性朋友，花了一整晚研究彼此擦屁股前怎麼折衛生紙，她們的討論十分深入，最後主人直接拿出一捲衛生紙讓大家示範，「我記得這個晚上是因為一切都太好笑，但我們卻又很親密。」黛柏拉解釋道，「這種談話得到的結果是友誼裡很珍貴的元素，提醒大家人性上的共通點。」

我敢說你一定也曾和女性朋友有過這種荒謬的談話，我就有過這樣的經歷，我們的話題從比基尼除毛時連臀部也一起除毛是否正常，到先生稱避孕裝置為「雞雞套」是否合理，我和阿嘉莎最喜歡的遊戲一直都是「荒島選鵰」（已於二〇〇四年申請專利），這個遊戲的概念應該不需要我解釋，我相信任何四號電台的忠實聽眾都已經想好，如果她們被流放到荒島上，想帶上哪八位男性和他們的寶貝一起去，這就是我們都聊過的話題，如果有人聽到你們的對話，他們可能會直接聯絡精神病院。

影視作品總能精準呈現女性友誼中的笑聲，例如：《大城小妞》（Broad City）、《公園與遊憩》、狂放時尚圈（The Bold Type）、《A+瞎妹》這類的作品，它們都多少展現出女性覺得彼此很好笑，以及奇怪的幽默感是我們生活中很重要的部份，但對我而言，最能感同身受的應該是《BJ單身日記》的主角想在生日時為朋友煮一頓晚餐，在她位於波羅市場附近的住處，顯然她出版助理的薪水足以負擔這裡的房租，雖然這部分的描寫可能有點不切實際，但她煮出的淡藍色濃湯、歐姆蛋和柑橘醬，以及她朋友對這些料理的反應，完全就是真實寫照。他們先是一陣沉默，接著馬上哄堂大笑，最後主角也不得不一起大笑，她的料理雖然糟糕，但她的朋友們理解其中的愛，並且可以很自在地嘲笑這件事。

這種發自內心的大笑對我們有益，可以幫助我們釋放大腦裡的快樂激素——腦內啡，可以幫助我們敞開心胸。根據二〇一五年倫敦大學學院教授亞倫．格雷所做的研究顯示，你會更願意和那個和你一起大笑的人分享秘密[33]，這可能是因為腦內啡幫助我們打擊負面想法，讓我們變得比較外向。儘管他測驗這個理論的方式是，讓他的受試者觀賞麥克．麥克英泰（Michael McIntyre）的影片，他們當然會笑得很開心。大笑可以連結彼此，如果你想要某人吐露心事或秘密，就先讓他們笑出聲吧。

作家奈爾．費里澤（Nell Frizzell）也對此事感同身受：如果她覺得其他女性和她可能擁有一絲相同的幽默感，她承認，這會讓她很想和這個人做朋友。「如果有人和我擁有相同的幽默感，我會覺得，我可以對她們說任何我想說的話，我們從此就會無比親密。」她說道。「我的戒心就此完全消失，但這並不是真的，我們不會只因為對同一件事發笑就成為閨密。」

我很不好意思承認，我會在社群媒體上追蹤一些我覺得很風趣的女性，因為我覺得他們的玩笑話和其他貼文太像我了，我基本上會想像她們是我的朋友，偶爾也會回覆她們的動態，但馬上就會為自己的裝熟行為感到後悔。讓我最尷尬的事最常發生在女性相關的活動上，我們都坐在同一個空間裡，分享著彼此脆弱、受到挑戰、失敗以及大笑的時刻，在這些談話之後呢？你滿心歡喜地覺得好像認識大家很久了，這也讓我最後總是做出一些奇怪的事，例如：稱呼海蓮娜・摩里賽（Helena Morrissey）女爵士為「我朋友」。

說到底，這整件事有點像脆弱感的平衡：你想和女性朋友有著緊密的情感連結，但你也希望自己能和她們一起笑到肚子痛。

黛西・布坎南說，她比以往更在意生活中的平衡，「說到好朋友的條件其中之一，就是『我狀況不好時，你都在我身邊。』我身邊確實有朋友在我最低潮時，依然對我很好，我永遠不會忘記她們對我的好」她說道，「但我也希望我的朋友可以很風趣、很愛笑、很可愛，我因為接受了心理諮商，所以對友誼裡的優先順序有所調整，我真的很希望她們能和我一起慶祝我的美好時刻。」

事實上，不論有沒有酒精或做給別人看的鬥嘴，我們和其他女性的友誼都已經在笑聲中變得更緊密，只是比起男性的更衣室鬥嘴，女性的鬥嘴更容易發生在一起喝茶、公園散步、視訊電話、餐桌旁或者去婚禮會場的途中罷了。

笑聲是一劑特效藥，當你感到焦慮、心情低落或者不想和任何人說話，只有朋友能拉你一把，不論是溫和的機智笑話或是直接的吐嘈，她們的幽默都是讓我們更緊密的黏著劑，這表示我們一起經歷過的、令人捧腹大笑的時刻，都會一直為我們帶來喜悅。

吉莉．庫柏（Jilly Cooper）是能讓我捧腹大笑的人，她的一番話讓我難以忘懷，當我問她，女性朋友中最重要的特質是什麼，她說：「總是能讓你笑出來。」當我問吉莉，她認不認為自己是個好朋友，她只是簡單地回答道，「我希望我能讓朋友們笑出來。」

或許幽默風趣是一切事物的關鍵。

家人變朋友的時候

迷思：你不可能和家人變成朋友（特別是你討人厭的妹妹）

噢，姐妹，誰說她們不能成為最好的朋友？或許一九九七年九月我十三歲時還不行，我當時在日記裡用橘色螢光筆憤怒地寫道（當你看到某人用螢光筆強調時，就知道事情有多嚴重了）：

「R和F讓我生不如死，她們亂打小報告、輕視、嘲笑我，還殺死了我的電子雞。」

幾週後，我又這樣寫道，「我妹（小混蛋）居然打開還閱讀你，我親愛的日記，我不能再相信她們了。」

我記得，當時一股被背叛的感受充斥著我的身體，在那之後，我就把日記藏到床摯的更深處。

這幾天，我們三姐妹的聊天群組裡，不斷出現我們三人在花園那把粉白相間陽傘下的照片，我們身穿一九八〇年代流行的小圓領、蓬蓬袖洋裝，棕色的頭髮紮成雙馬尾，瀏海由母親在家隨意使用指甲剪刀修剪而成，一路延伸到耳邊像半個蘑菇頭。

我們看起來可愛又開心，但我當時真的沒想過，我可以和我的雙胞胎妹妹費莉絲蒂（Felicity）、羅珊娜（Rosanna）變成朋友，她們小我三歲半，卻是十倍的討人厭。

我很嫉妒她們的名字都像花仙子一樣浪漫又神秘，好像出自克里斯蒂娜．羅塞蒂（Christina Rossetti）的詩，我的名字則讓我像個收納板夾一樣（我到現在還是這麼覺得），除了我爸媽以外，她們是我這世界上最愛的人，但我也好想捏她們的手臂，讓她們痛到哭出來，我願意為她們兩個做任何事，但與此同時，她們光盯著我的森林家族玩偶看，我就非常想送她們去孤兒院。我在家裡從來沒有片刻安寧，當我想好好地坐在馬桶上閱讀一本書，坐到屁股上就快有馬桶的印痕時，總會有人想要闖進來。某個妹妹總會想從鑰匙孔偷看你房間，或者當大我們許多歲的哥哥提姆來訪，帶著來自世界各地或者他從假期買回來的禮物，說著見到什麼樂團或交了新女朋友，總會有人擋在你們中間。

那我們的關係是怎麼改變的呢？你真的可以和家人變朋友嗎？人類學家羅賓．鄧巴認為，這一切都和所謂的「親屬紅利」有關，就是血濃於水，你無法像撼動友誼一樣撼動親情，意思是你們就像寄生蟲一樣互相糾纏，更棒的是，你可以將家人視為理所當然，他們可能還是會一樣喜歡你。

「親屬關係有點特別，常常會演變成真正的朋友關係，一切都取決於身在其中的人，但可以確定的是，與傳統觀念中的朋友相比，親屬紅利讓家人比傳統觀念中的朋友更可靠，而且你相對還花比較少心力經營關係」，他說道，「這似乎讓家人更願意忍受你的缺點，繼續支持你渡過難關，在你各種人際關係中，親近的家人比親近的朋友更可靠，不太熟的家人比不太熟的朋友可靠。」

這並不表示你一定就會和最親近的家人變成好友，而且在我們年紀較輕時，很可能將他們視為經營友誼的測試對象，而不是將我們之間的感情視為真正的友誼。

如果我們有兄弟姐妹的話，他們是我們在上學以前，第一次嘗試交朋友的對象，我們和他們的關係將會成為未來友誼的範本。我的行為模式到現在還是最標準的老大：只因為剛好是家裡第一個出生的小孩，所以什麼都要搶第一，如同我父母一直告訴我的，要當妹妹的好榜樣，成績要好，要考上好大學，我是姐妹之間的開路先鋒，我讓妹妹的青春期比較好過一點。如果你有兄弟姐妹，不管你排行第幾，你可能都聽過老大講述自己的血淚史。

雙胞胎會為老大帶來不同的影響，當你發現自己不再是爸媽的生活重心，雙胞胎帶來的會是雙重打擊，你的肩上有當老大的重責大任，但老大的權力卻常常被高估，因為妹妹有彼此搭檔，她們曾共享媽媽的子宮，你做為老大的威嚴會被她們的人數壓制，你只要看《姐妹情》裡的蒂雅（Tia）和塔米拉（Tamera）就會理解雙胞胎團結力量大。

《手足》（Siblings）一書的作者琳達．布萊爾（Linda Blair）證實，家裡的排行順序確實有關係，而且身為老大的我並沒有太多優勢。

「和其他兄弟姐妹比起來，家裡的老大比較可能是照顧人的角色，因為她們希望從討厭的弟妹手中奪回爸媽的注意力，他們很快就學習到，幫忙爸媽是一個很好的辦法。」她說道，「排行中間的孩子通常都會擔任協調的角色，他們學到如何平息紛爭、如何應對進退、如何讓事情順利進行。家中的老么通常比較沒耐心，需要依靠別人照顧他們，幫他們解決事情。這是一個很概略的印象，不表示你就一定會變成那樣，只是一個很有可能的樣子。」

我們都知道，雖然你原本完美的生活已經被弟妹們毀掉，但身為老大的其中一項優點是，當你要為爸媽演出時，你可以用自己的排行來壓制弟妹。我每次都可以演我想要的角色，也許是因為我身兼選角指導、編劇以及編舞，誰演仙度瑞拉？誰演貝兒？誰演桃樂絲？全部都是我，我的妹妹只能演灰姑娘的醜姐姐、野獸和鐘樓怪人，或者其他我要求他們演的配角。

這或許是我妹妹將我比做《倫敦生活》主角姐姐克萊兒的原因之一，控制慾強、害怕失敗、愛生悶氣，渴望為妹妹樹立好榜樣，卻又因為妹妹沒有跟隨姐姐的的榜樣而生氣，她們傳來許多好笑的訊息，例如：「恭喜你奪得英國影藝學院電視獎」，或者在我每次說要去髮廊時，都會傳來一張克萊兒頂著糟糕的髮型大叫「我看起來和鉛筆沒兩樣」的動圖。

我的女性朋友也會做這些事，但是妹妹們更加猖狂，百分之百確信自己即便惹惱你也不會怎樣，因為你們是姐妹，所以會無條件地永遠被綁在一起。但是比起女性朋友，手足可能也更容易激起你強烈的情緒，因為你們知道彼此的地雷，而且你不會害怕踩這些地雷，這是你得到關注或反應的方式，也是可以故意害她們被爸媽罵的方式，你可以藉此在爭辯中獲勝，或者挫挫她們的銳氣。

迪莉婭·艾芙倫（Delia Ephron）一九七八年出版的《如何吃得像個小孩以及成為一個不成熟的大人》（How to Eat Like a Child, and Other Lessons in Not Being a Grown-up）一書中，有一個章節叫做〈如何虐待你的姐妹〉（How to Torture Your Sister），艾芙倫家有四個女兒，老大是非常有名的諾拉·艾芙倫

（Nora Ephron，創作出許多經典電影的著名編劇，例如：《心火》（Heartburn）、《西雅圖夜未眠》（Sleepless in Seattle）、《當哈利碰上莎莉》（When Harry Met Sally）），迪莉婭或多或少知道活在姐姐的陰影之下是什麼感受，我很喜歡她說的故事：把午餐的甜甜圈留下來，只為了幾個小時後故意在姐妹面前大吃；告訴姐妹她的床底下有個隱形人；在姐妹講電話時，故意在她旁邊學她講話；騙她其實她不是爸媽親生的。

我相信你一定也有虐待姐妹的獨門招數，我會餵我妹妹吃牙膏水，騙她們說這對身體很好，我還會在晚上爬進費莉絲蒂的房間，假裝自己是吸血鬼德古拉的朋友達吉拉，因為我知道她很怕吸血鬼，我現在偶爾神遊時，彷彿都還能聽到她的尖叫聲，真是段美好的時光。

然而，有兩件事可以讓我們停戰，第一是英國廣播電視公司出品的《納尼亞傳奇》，我們從電視上轉錄的錄影帶，在反覆觀看多次後變得越來越模糊，我們會一起開心地哼著開頭音樂。我們的老爸霍華德後來把納尼亞的錄影帶拿去錄《東區人》（EastEnders）一九九四年的聖誕特輯，雪倫和菲爾的地下情被發現的那集，他把〈銀椅〉的下半部都洗掉了，我們因此同仇敵愾地對老爸生氣（他還把我幼兒園聖誕演出的錄影帶拿去錄英格蘭足總杯決賽。）

另一件事是我們去康瓦爾（老爸都說康康）的度假時光，我們度假待的那座農場如同我們第二個家，每年夏天，我們都會開車前往，Google Maps 顯示為四小時四十分鐘的車程，柯恩家總是要開八小時才會到，我們家那台藍色休旅車總是塞得滿滿，我們幾年後賣掉那台車，後來發現它被用來在蘭貝斯附近運毒，還出現在《犯罪觀察》（Crimewatch）的某一集裡。

前往度假路途中，爸媽會播放我們最喜歡的錄音帶，內容是伊妮德．布萊頓（Enid Blyton）寫的故事，關於一名叫滑頭一號的小偷，他暴力控制了整個村莊，直到當地一名警察將他逮捕歸案，並用約克夏口音說出那句經典台詞：「滑頭一號，你滑頭滑腦的日子結束了。」我們以前都會大笑著、喊著這句台詞，任何姐妹間的爭吵都會從此成為過眼雲煙，快樂的度假時光繼續展開。

還有一個原因可以讓我們團結在一起。如果我父母說起要賣掉老家的事，我們三個就會組成一個辯護律師團，激動地說著搬家不是個好主意，並威脅爸媽，如果讓我們看到任何房屋仲介，我們就會直接在花園抗議（或許這也是為什麼他們到現在還住在那裡。）

但我們並沒有將彼此視為朋友，我們求學時期都有各自的朋友，在這個階段，姐妹都會被視為理所當然、被忽視、被拿來出氣，我同時也很愛她們、擁抱她們或使喚她們。如同心理學家泰莉・艾普特所説，「你知道怎麼逗弄她們，怎麼侮辱她們，怎麼控制她們……你們非常親近但同時也不停地競爭。」

如果你有姐妹，那就表示大家無時無刻都在比較，如同前面提到的，社會總是助長女性將彼此視為競爭對手，她們會評斷自己和他人的身體，將其他女性視為感情上、工作上或友誼上的對手，讓我們將彼此鬥垮，阻撓我們在年輕時盡可能地互相親近，讓我們變成我們自己和對方最難纏的敵人。如同女性友誼，我們的姐妹關係也時好時壞。

「這有點像碰碰車，你們互相靠近、碰撞後分開。」琳達・布萊爾説道，「當然你們可以是最好的朋友，但這通常都要等到長大成人以後，因為到那時候競爭的因素減弱，你們各自的特色就會變得更明顯。」基本上，當你發展出自己的興趣、朋友圈和職涯後，你就不會太在乎姐妹擁有什麼。突然之間，你就擁有自己的人際網路，創造出一個獨立於家庭之外的世界，這可以幫助減弱手足之間的敵對關係。

這讓我不禁思考，維納斯（Venus）和賽琳娜・威廉絲（Serena Williams）這對姐妹是如何相處的，她們事業上追求的事物完全一樣，也從未獨立於她們的家庭之外。她們在一次又一次的訪談中，聲稱她們是彼此最好的朋友，但她們成長過程中都在大眾的關注下相互競爭，維納斯於二〇二一年七月在葛妮絲・派特洛的播客節目中解釋道：

「從小父母就告訴我們，姐妹就是你最好的朋友。」她說道，「這是家規，所以我們就照著做，我很喜歡這樣，因為我們現在又更親近了……總是有人可以讓你打電話，總是有人會在你身旁支持你。」

如果我爸媽從小告訴我們姐妹，要當彼此最好的朋友，我不確定我們會不會就照做。但也許這就是為什麼柯恩姐妹之中沒人贏過大滿貫，儘管我們從小就在中央球場附近長大。

文學作品中也總能看見姐妹之間互相競爭、意見不合、背叛、聲稱輕視彼此卻又深愛彼此的情節，例如：《傲慢與偏見》（Pride and Prejudice）的班奈特姐妹、《小婦人》（Little Women）的瑪區姐妹、《芭蕾舞鞋》（Ballet Shoes）的寶琳、佩卓瓦和寶西．福西爾、《草原小屋》（Little House on the Prairie）的英格斯姐妹、《甜蜜谷高校》（Sweet Valley High）中的潔西卡和伊麗莎白。老實說，我常常覺得這些虛構的姐妹關係太單調、太老套，總是會有一個有智慧又有耐心的姐妹、一個到處闖禍的姐妹、一個假裝天真的姐妹。事實上，隨著人生階段的不同，我們可能都曾是這些角色的樣子，如同對於虛構的女性友誼，虛構的姐妹情也常常被過度簡化。

珍．奧斯汀對姐妹情的描寫可能最貼近現實，特別是伊麗莎白和珍之間的感情，如同友誼歷史學家芭芭拉・凱恩（Barbara Caine）所說，「她們必須管住家人以及不可理喻的母親，但她們的親密關係帶給她們無比的力量。」

黛西・布坎南家有六姐妹，她表示，當你身處一大群姐妹之中，想要個別建立彼此之間的連結並不容易。

「這是我很擔心的事，因為我們就是一大群姐妹，這可能和一大群朋友一樣，我們很難個別建立彼此之間的關係。」她說道，「如果能獨立於這一群人以外深入認識彼此，這會是一件很棒的事，我很希望我有更多時間能和她們個別建立關係，如果我問她們，她們覺得我比較像是一位朋友，還是一群朋友裡的一位，我不知道她們會怎麼說。」

老實說，我也不知道我妹妹會怎麼說，即便我們現在都三十幾歲了，我將她們視為朋友的同時，她們還是我的妹妹，只是她們現在年紀都不小了，已經夠成熟、夠有智慧經營自己的生活，如果她們來詢問我意見，通常只是希望尋求認同，她們想要的一份安心感，而不是要我指點迷津，我們某個程度上還是會聊聊彼此擔心的事，但有些事我還是不會告訴她們，因為應該身為榜樣的我，不希望讓兩個妹妹擔心，儘管這個相處模式早已不適用了。

不論如何，她們也有自己的親密好友，這些朋友可能知道她們一些我不知道的面向，她們會先找這些朋友訴說心事，最後才會來找我。我也是。（這也是為什麼在我的單身派對上，妹妹們非常驚訝地從我朋友口中得知，我曾經和某位有名的歌手約會過，甚至還坐在他家廚房地上吃著高級牛排。）然而，我不認為我與朋友親密的友誼會影響我和妹妹的關係，在很多層面上甚至對我們的關係有益。

容我解釋一下，我和妹妹大概要到二十幾歲之後，關係才變得比較親密，某個程度上算是被迫變親密。二〇一五年三月的某個下午，我媽因為敗血症被緊急送往醫院，我們後來被告知，她差一點無法挺過來。她在加護病房待了好幾個禮拜，那段時間的記憶現在已經有點模糊，我當時就是每天去看她，一直待到護士溫柔地請我離開，回家後又在我先生的懷裡哭到眼淚都乾了，我感到疲憊、擔心和恐懼，還要不斷絞盡腦汁心想：我要帶什麼東西才能逗她開心或者給她慰藉呢？我的感受有寫在臉上嗎？她什麼時候可以回家？老爸還好嗎？她的狀況有改善嗎？當我知道妹妹們也一樣擔心，這一切就變得比較沒那麼痛苦了，只是一個簡單寫著「愛你」的訊息，我知道她們也會像我一樣傳訊息、打電話關心、暗自擔心或前來探視媽媽，我的壓力也就減輕了一些，這讓我們理解到在不久的將來，我們和父母的角色會互換，需要換我們來照顧他們，這是一個你不得不接受的頓悟瞬間。

兩年後，我在工作午休期間，抽空看了一間拉夫堡站附近最奇怪的房子，搭著火車準備回辦公室，此時的我和提姆已經同居兩年了，我們希望買一間屬於自己的房子，但是事情進展得並不順利，到目前為止，我們已經看了超過四十間房子，大多都很糟糕，還有一次被房仲鎖在房子裡，我們還得自己從窗戶爬出來。最近一次的看房經驗也沒好到哪裡去，房客不讓我們進去看房，當我們終於進去之後，其中一名女房客又因為腳踝打著石膏、無法穿衣服，所以不讓我們看她的房間。

我在回辦公室的路上十分洩氣，這時我媽打電話來告訴我，我哥提姆的身體狀況惡化，她和我爸正在趕去蘇格蘭的路上。雖然提姆罹患癌症已經有一段時間了，但一直到幾週前我們去看他，當時剛好正值聖誕節，我們才真正感受到現實的殘酷，在此之前，儘管他必須忍受無止盡的探視以及化療，但臨床試驗、成功的手術，再加上提姆並沒有讓我們知道情況多糟，所以我們多少都還保持樂觀的態度。

現在，提姆好像蒼老了許多。小時候，我們總是看著這個瘦瘦高高的大哥，穿著皮夾克、戴著銀色大耳環出現在家裡，看上去就像歌手戴蒙·亞邦（Damon Albarn）。他曾告訴過我某次超凡樂團（The Prodigy）演出時，貝斯聲音大到讓他覺得，他站的看台都要倒塌了。他也曾在我們都還小時，短暫地和我們住過一段時間。十年前，他才在印威內斯一棵老樹下和他的真愛結婚，當時他還不斷推我去跳舞，儘管當時我的腳不太舒服。他有兩個可愛的孩子，一男一女，他身旁還有一群從求學時期認識到現在的老友，他曾登上過美國世貿中心的頂端，他非常著迷星際大戰（Star Wars）、兵工廠足球隊、收集老唱片和購入一些奇怪的車子，其中還包含一台悍馬。接到那通電話後沒幾天，提姆就離開人世了，享年四十八歲。

這本書或許是關於女性友誼，但大哥的離開教會我關於妹妹最難的一課：我應該讓我們的關係更穩固。未來某天，很可能只剩下你和手足還記得你們的爸媽，但你們不能認為光靠這點就會讓你們更親近，因為這是行不通的。我曾以為，我在未來一定可以和大哥建立成熟的友誼關係，結果現在的我已經失去了這個機會。

從很多層面上來看，我們都還沒辦法完全接受提姆的過世，再加上我們一家又不是特別愛說心裡話，但是我們的相處模式卻也因此產生了變化。我們開始需要彼此作為姐妹也作為平輩的支持，拿出這些年來從閨密相處上學到的技巧：說話的藝術、同理心、同情心、默默支持等，將其運用在我們姐妹的關係中，雖然一切都還在進行中，但和以前相比，我們的關係在此刻顯得無比重要。

「這件事至關重要，相較於我們和父母的關係，我們和手足的關係可能更為重要，或者至少一樣重要。」琳達．布萊爾說道，「這是我們一生中持續最久的關係，父母通常都會比我們早離開人世，但你無法擺脫兄弟姐妹，這或許聽起來不像是優點，但你們必須想辦法解決問題。」

當然，家家有本難念的經，事實上，你可能永遠無法和你的手足、表兄弟姐妹或父母成為朋友，可能某一年你們特別親近，下一年就疏遠了，你們之間的親情可能永遠不會昇華，或可能從來就不重要。

泰莉．艾普特解釋道，姐妹之間的疏遠通常起因於長時間的羞辱、拒絕或輕視，「但姐妹間最激烈的爭吵，通常都和家裡某件事有關，她們可能都記得發生了某件事，但卻有不一樣的解讀，也會因此產生摩擦，『你正在用你的回憶背叛我們家。』」

「你們對一段關係投注的負面元素，都會導致這段關係的結束，不管是有意還是無意」，羅賓．鄧巴補充道，「但家人之間的耐受度通常還是比較高，彼此之間像是被蜘蛛網般複雜的關係制約，即便如此，當負面元素多過其耐受程度，家人關係也會像愛情關係一樣，徹底毀壞到無法彌補。」

✿

許多女性受訪者都告訴我，她們的朋友就是家人，有時是因為她們和自己的父母及手足處不來，有時只是因為她們和家人不親近，所以積極向外找尋能夠像家人一樣支持自己的朋友。

「很多人認為他們的朋友才是家人，」歷史學家芭芭拉·凱恩說道，「女性現在都可以做到這個程度，這是過去的女性沒有的自由，女性現在大多經濟獨立，可能和家裡的關係也不算太差，但可能覺得和家人沒有太多共通點，再加上女性也不再被期望要整天待在家裡，只能和家人相處。」

「自選家人」一詞來自多元性別族群，這個族群裡有太多人被原生家庭拒於門外，所以希望能向外找尋情感連結，她們因為相似的身份認同而產生連結，時至今日，這還是個十分重要的課題。二〇一三年，一份關於伊利諾州青少年的研究[34]顯示，「自選家人」仍是青少年討論性向有關的議題時很重要的抒發管道，這些朋友對於跨性別、非常規性別及酷兒青少年來說特別重要。

我們在〈友誼裂縫〉的章節裡提過艾比·奈許，她從小到大都認為自己身為女同性戀不會有小孩，所以一直將朋友看得很重要。「過去我曾認為『我會需要很多人在我身邊，我需要一個自選家庭。』」她說道，「這一直是我生活很重要的部分，我總會想『當我老了，陪在我身邊的會是誰？朋友嗎？』」

然而，最近「自選家人」一詞被挪用來形容朋友、死黨甚至是任何人，只要他能滿足原生家庭滿足不了的需求。在我的研究中，有人使用這個詞語形容戒斷互助組織、單親媽媽朋友圈、被迫離開家園的難民社群、為家暴受害婦女提供聖誕午餐的慈善機構，以及住在布魯克林工業宅的文青。

「這種狀況越來越明顯，你自選的家人比原生家庭重要」，演化人類學家安娜．麥菁博士說道，「你在自選家人面前可以做自己，完全不會被品頭論足。」

當我們正往所謂的成年生活靠近，我們或許不打算做那些符合社會期待的事，此時，一個不會批評你的自選家庭就變得很重要。漸漸地，我們的女性朋友，那些我們主動挑選留在我們身邊的女性，那些我們花時間和心力相處的女性，到最後可能就像自己的姐妹一樣。

如果你剛好和媽媽很合得來，你會稱她為朋友嗎？這可能是女性親情友誼中最難回答的一題，不管你們多麼親近，本質上還是母女，一方有著不為人知的過去，另一方則是隱瞞了許多事，你不一定什麼事都會告訴媽媽，但母女關係真的不會變成你們之間的阻礙嗎？

我和我的媽媽珍很親密，她身上集結了所有我希望在女性朋友身上看到的特質：善良、貼心、對我的生活很感興趣，還有一台車，但她是我媽媽，而且活在這個世界上的時間比我長很多。在我出生前，她已經擁有自己的人生，一個我可能不是那麼清楚的人生，我很幸運我們每週都能說上幾次話，只有在她面前，我才能大聊我對辣妹合唱團歌曲的熱愛，我們曾花好幾小時建構她的族譜，我們會討論藝術、書本以及她對浪漫愛情片糟糕的品味，拜託不要看班·艾佛列克（Ben Affleck）主演的《誰來陪我過聖誕》（Surviving Christmas），她是我最親近的朋友（老爸，抱歉，是女性朋友），但她同時也是我媽，所以或許並不完全算朋友？

「我認為母女關係不太算友誼」，泰莉·艾普特說道，「人們有時會說：『我和我媽媽是好朋友』，這表示你們兩人的相處很放鬆，你可以向媽媽吐露你的感受、煩惱和想法，但也有許多人無法做到這樣，她們擔心媽媽會批評她們，也會擔心媽媽會焦慮，她們也不希望媽媽告訴她們太多事，因為這可能會變成他們的負擔，此外，如果牽扯到媽媽的個人情感時會有點尷尬，當然，她們可以接受媽媽也有性慾，但她們不想要知道那麼多。」

一下子說了太多，但這也點出母女友誼的問題核心：媽媽不是你的同儕，你們能聊的事物和經驗有限，媽媽也不是忘年之交，你也無法完全對她敞開心胸，那麼媽媽到底算不算朋友呢？

「我媽告訴我，我是她最好的朋友，但她不是我最好的朋友，她是我媽媽，這其中是有差別的。」三十二歲的凱特說道，「我不缺朋友，但我只有她一個媽媽，我媽媽那個年代的人看待友誼的方式和我們不太一樣，她結了婚、搬了家，和其他有小孩的父母交朋友，但卻不像我和好友那樣深交，她沒辦法向任何人吐露她的煩惱，所以她只能向我吐苦水，當然，我一定會支持她，我也希望她能有其他朋友，我覺得，正因為她的生活缺乏真摯的友誼，所以她看上去總是有點孤單。」

我的友誼和我媽媽的友誼也是截然不同，她身旁總有幾個從小就認識的朋友，現在都還保持聯絡，她也有幾個從學校認識的媽媽朋友，但在我們的成長過程中，她的交友圈一直都很小。直到我們搬離家裡之後，她對前拉斐爾派藝術的熱愛幾乎變成了她的事業第二春，我很驕傲地看著她自在地穿梭在清高的藝術圈裡結交新朋友，其中也包含了一段她人生中最親密的女性友誼。

「媽媽對待朋友的態度會讓你產生反思，這通常會影響你從剛成年一路到中年。」泰莉．艾普特說道，「你會見證友誼的波動，你會看著她們來來去去，你會看見她們造成的喜悅和痛苦，心想：『天啊！如果我媽認為朋友不夠崇拜她，她就會疏遠她們』，或者『我媽總是將朋友擺在第一位。』」

心理學家琳達．布萊爾認為母女關係的關鍵是，母親可以幾乎將你視為她的朋友。

「但這需要很長一段時間」，她說，「媽媽必須願意放手，將你當作一個獨立的個體看待，當你們在一起時，她不會覺得自己需要分析你，這很大程度上是取決於媽媽，而不是孩子。」

對我而言，這就是親情友誼的重點，她們要能夠從別人的角度看你，客觀地將你視為獨立的個體，而不是可以被使喚的妹妹或者嚴格的家長。如果你們知道彼此所有事情，仍願意努力找尋看待彼此的新角度，而不是縮限於已知的過去，那麼你就有可能和家人產生如友誼般的情感連結，這樣的連結帶有以下幾項特質：尊重、給彼此空間以及坦誠相見，這些特質都超越了因血緣而生的責任感。

即使她們可能讀了你的日記，還殺了你的電子雞，家人也有機會變成最意想不到的朋友。

老朋友

迷思：如果現在身邊沒有任何老朋友，那也來不及再交了

現在是星期天晚上七點四十五分，我正重新整理我的信箱第十次，終於看到了一封信，一個我焦慮地等了二十年的回覆，我等了二十年才為了我在青少年時期做的某件事道歉，這件事已經藏在我心底非常久了。

點開信件，內容非常簡短，或許是一個好預兆，我快速掃到信件底部，看看她有沒有在信裡寫任何親親，沒想到卻不小心讀到信裡的最後一句話。

「我不知道你要為了什麼事道歉，但不管怎樣，謝謝！」

我驚訝地跌坐回椅子上，我不知道我原本期待什麼，但絕對不是這樣。

照理說，老朋友應該不會對你投變化球，她們是我們腦中忠誠感、愛和安全感的

來源，也是往日時光的象徵，她們知道你的過去，她們會直呼你爸媽的名諱，她們記得你的泰迪熊，還背得出你家的電話，在這個經常輕視友誼重要性和力量的世界，她們好不容易才留在你身邊。

這也是我們為什麼總是輕易地將老朋友視為理所當然，將新朋友擺在她們前面，因為我們認為新朋友需要更多關注，在她們身邊，我們會退回某種行為模式，對她們有某種既定的認知，或者因為她們的行為和你的認知有所出入而感到生氣。

我們常常將女性友誼的某些面向想得太美好，**「結交新朋友，但和老朋友保持聯繫，新朋友很好，但老朋友更好。」**

這同時也是影視作品很喜歡描寫的主題，當好萊塢電影談到老朋友時，它們傳達的訊息是你可以將她們視為理所當然，讓他們食物中毒也沒關係（《伴娘我最大》〔Bridesmaids〕裡的那一幕），在重要時刻你們還是會和好，你們會陪在彼此身邊直到死亡，像《末路狂花》（Thelma & Louise）的席瑪和露易絲一樣，或者像《捉神弄鬼》（Death Becomes Her）的主角一樣超越陰陽的界限。

對我來說，虛構故事裡對老朋友最寫實的描述是艾琳娜．斐蘭德（Elena Ferrante）的那不勒斯故事四部曲（The Neapolitan novels），這系列作品好看到會讓你坐車坐過站，故事主要講述萊拉和艾琳娜之間六年的友誼，萊拉比較叛逆和固執，艾琳娜則是乖乖地一路升學，希望藉此離開那不勒斯糟糕的生活環境。她們經歷了友情的高低潮、親近和疏離，我們可以從她們身上看見自己和老朋友的相處過程。這系列作品全球銷量超過一千五百本，被翻譯成四十五種語言，顯然引發不少讀者共鳴。對長久女性友誼寫實的刻畫能夠打動所有人，許多讀者到最後都覺得書裡的角色就像她們的老友。

二〇一八年四月，斐蘭德在《衛報》（Guardian）的一篇專欄上寫道，義大利文中的「友誼」（amicizia）和動詞「愛」（amare）有著相同的字源，朋友關係包含了愛的不同面向，愛的豐富性、複雜性以及矛盾。我敢說，我對女性朋友的愛近乎我對先生的愛。

Amicizia（義大利語，友誼）：如同披薩上美味的配料，這個字精準捕捉了我們和老朋友之間深刻的愛，相信義大利人準沒錯。

✿

我與身旁許多女性朋友都認識將近三十年，如果我和我先生在一起這麼久，我們一定會大肆慶祝，開香檳、交換禮物、在客廳隨著我們最喜歡的音樂起舞。維持一段感情或婚姻很困難，但維持一段長久的友誼也沒有比較容易吧？

老實說，隨著我們年紀增長，生活總會不斷帶來我們不想接受的年齡里程碑，例如：更年期、立遺囑，第一次嚴重地跌倒，而不只是絆到腳而已，所以我們也應該為自己創造一些開心的里程碑吧？傳統上慶祝結婚三十週年的禮物是珍珠，珍珠是從一顆細沙開始慢慢變成珍貴的珠寶，同樣的概念怎麼就不適用於長久的友誼上呢？

當依茲和我的友誼來到第十年，我們和任何狂野、單身的十九歲女生沒兩樣，我們來到馬莎百貨的咖啡廳大肆慶祝，我記得我啜飲著手上的茶，小口地吃著手上的巧克力餅乾，舉起我們手上的馬克杯，慶祝我們已經在彼此生命中十年了，這應該是我生命中唯一一次算是慶祝友誼週年慶的經驗，慶祝我們相處了這麼多年的事實。接著我們都交了男朋友，友誼週年慶也漸漸被取代，變成與男友在法式咖啡館共享燭光晚餐（好啦，日光燈晚餐），友誼週年慶為什麼會就這樣被我們捨棄了呢？我們就是不會想到要和朋友出去喝杯茶，慶祝友誼十五週年、二十週年或二十五週年，但現在我希望我們至少要記得這些事。

我知道對某些人而言，友誼週年慶聽起來有點太「完美」了，和閨密迷思一樣。

但是對我來說，友誼的長短只是「老」朋友的要素之一，希薇亞．普拉斯（Sylvia Plath）提出了另外一個評斷標準，「想要變成老朋友，沒有比兩人一起吐來得有效了。」只要你曾在朋友嘔吐時幫她抓過頭髮，就會理解她在說什麼。有時候，親密感和老朋友的感受可能源於一個將你們拉近的經歷，並不一定是從小學就認識到現在的朋友才叫老朋友。

羅賓．鄧巴很難確切說明為什麼某人會變成「老朋友」，但他告訴我，「我覺得這和什麼時候「變成朋友」有關，例如：在大學時期，你可能會喝很多酒、唱很多歌、跳很多舞、進行很多次深夜談心，這些事都會讓大腦釋放腦內啡，進而增進彼此之間的感情。」

這個假設認為只要上述這些事做得夠多，你就會覺得身邊的朋友像「老朋友」，這和你們真正認識多久無關，這和夏絲塔．尼爾森提出的閨密重質不重量理論有點相似，在這樣的定義下，我們身邊可能都有可以稱為「老朋友」的人，也有即將成為老朋友的人，某人不會只因為和你認識很久，就成為你最親密的朋友。人類學家安娜．麥菁研究發現，女性朋友之間共同的經歷可能會對彼此的親密程度帶來負面影響，共同經歷對男性友誼比較重要，這或許也是為什麼我先生和他的死黨總是不斷重提那場二〇一六年的鐵人三項。

吉莉．庫柏很容易帶給人老友的感覺，她在電話上把我讚美得心花怒放，還邀請我去她家吃午餐（我剛剛訂好火車票了），她也都知道每個朋友的最新動態，這件事對你來說應該不會太驚訝。對她而言，笑聲和八卦是維繫長久友誼的關鍵，「只要你們聚在一起就會說：『天啊，某人最近發生什麼事了？』『某人結婚了？』『他們分開了，真可惜』」她說道，「我現在已經八十四歲了，某天，我三個老朋友和我一起共進午餐，我們是十七歲時在打字學校認識的，她們一到我家，我們馬上就開始笑了起來，我很輕易就能和她們接上線，與她們共度美好的時光。」（當然，吉莉補充道：「狗也一直是我最好的朋友。」）

疫情期間，吉莉寄出了七十張情人節卡片，「我寫道：『殘酷的疫情使我們分開，但請記得我還惦記著你。』」她笑著說道，「我寄了許多卡片給我的老朋友，以及我以前的室友。能夠和一群女生住在一起是很棒的事，因為你們就是一群四處尋覓伴侶的人，所以我們有很多共通點。」

我很喜歡寫卡片給朋友這樣的舉動，這種貼心又老派的浪漫能夠穩固友誼，這些年來，依茲寄給我的卡片和明信片我都還留著，這不僅是我們長久友誼的實質證明，更象徵著我們在這段友誼裡付出的心力。

我還能清楚記得，我九歲時第一次在操場上看到依茲的情景，她穿著嶄新的制服，那張我即將越來越熟悉的臉上帶著害羞的神情。

六年來，我們每個星期六都膩在一起，起初是拿著七葉樹果激烈地對戰或玩桌遊好幾個小時，後來變成在泰晤士河畔京士頓附近，搜刮充氣外星人和絲絨頸鍊，獲得爸媽的允許，當時還是青少年的我們自己搭車去那裡待上一整天，促進腦內啡釋放的增進感情活動即將展開，這一系列的行動十分嚴謹：先走進各種流行服飾店，再逛逛各大唱片行，最後再快速瀏覽海報店裡的海報。

我們會「快速打發午餐」，也就是隨便吃吃超市裡的午餐組合，那種捲餅麵包乾到像橡膠鞋底，也像是墳墓裡的食物。如果我們金錢上有點餘裕，我們便會前往我們的天堂——約翰路易斯百貨頂樓的咖啡廳，排隊點我們唯一負擔得起的餐點，扁豆湯配麵包捲、奶油和吃到飽的麵包丁，完全覺得自己像個大人一樣。

星期六的晚餐依茲家都會吃咖哩，我家則是會煮焗烤義大利麵，配著從電台錄下的四十大金曲。我們暑假都一起度過，也將彼此的家和家人看作是自己的，抱歉了，老公，但這是我生命中最快樂的時光，即便當時的我還沒意識到自己有多幸運。

這本書寫作過程中最快樂的事之一，就是能和許多女性談論她們最長久的友誼，很多人都想向我分享她們友誼的「起源故事」。

「你們怎麼遇到的？」每對情侶都會被問到這個問題，從青少年時期的初戀開始就是如此，但當我們談到朋友時，這通常不是第一個被問到的問題。這件事很奇怪，因為我們明明就很愛聽起源故事，我們喜歡知道東西從無到有的經過，而友誼不就是最好的示範嗎？我覺得問題在於，女性友誼的故事通常和高潮迭起的愛情故事或勵志故事不一樣，這些友誼故事總是像汽車怠速一樣進展緩慢，很有可能惹惱好萊塢的編劇。

二十八歲的寶拉（Paola）告訴我她和她認識最久的朋友如何相遇，那是一段非常尷尬的回憶，但我認為，這就是我們該稱頌的友誼故事，有點尷尬卻又很可愛。

「當時我大四，我們因為有共同的朋友，所以大概知道彼此的存在，但我們幾乎沒有說過話。」她說道，「某天，我們發現我們彼此最近都失戀，我們同時參加了某個有趣的活動，結果我們中途就離開跑去大哭，真的是大哭，我們在她床上坐了整個下午，窗簾都拉起來，覺得自己很可憐，這個模式持續了一整個學期，之後甚至還持續了一段時間，我都不好意思承認。其實那兩個男生根本不是我們的男朋友，這也是最尷尬的部分，我們就是喝醉後短暫地與他們相遇而已，我很確定他們並沒有花時間分析我們說的話。我到現在還留著我和她暑假時寫給彼此的信（我們透過各種管道互相哭訴），我覺得至少要再過二十年，我才有辦法自在地閱讀這些信。」

為了這本書，我也回去翻找一些過去的信，這讓我意識到我的老朋友比我想像中還多，我從十二歲認識到現在的依茲、瑪莉；二十一歲時認識的阿嘉莎以及二十二歲時認識的依芙，現在也都算是老朋友。不知道從什麼時候開始，這些女性開始在我生命中有著無法取代的地位，如同珍．加維所說，「你無法輕易擁有老朋友，你要不是現在身旁就有老朋友，不然就是都沒有。」

雖然……我有點懷疑這個論述的真實性，九十一歲的海爾格．魯賓斯坦告訴我，她在人生下半場才找到了一些「老朋友」，這些人以前可能都只是點頭之交而已，但現在卻在她生命中佔有重要地位。

「人生走到現在，朋友一個一個都離開人世了，這感覺很糟。」她這樣對我說道，「好像一個人的過去逐漸在消失，每天都在尋找到底還剩下什麼，所以我現在不交新朋友，而是交老朋友，那些你見過或曾共進晚餐的人，你過去可能沒有真正認識他們，但現在都變成了好朋友，這是個看似奇怪但其實很不錯的交友過程。」

我一直希望能在訪問海爾格時，同時訪問她的閨密，也就是自由派政治家雪莉．威廉斯（Shirley Williams），但很可惜的是，威廉斯於二〇二一年四月過世了，海爾格告訴我她們如何維持超過七十年的友誼。她們在牛津大學相遇，二十幾歲時一起租了一間公寓，接著很特別的是，她們帶著自己的老公和小孩一起住在肯辛頓一間大房子裡長達十五年，晚年時還一起出遊，那她們維持友誼的關鍵是什麼呢？海爾格表示，就是別要求對方太多。

「我們就是將彼此視為理所當然，我的意思是，我知道我需要她時，她都會在我身邊，反之亦然，我們很自然地認為我們之間不會有什麼問題。」她說道，「我們有時比較親近，有時沒那麼親近，感情時濃時淡，但我們從不覺得我們會鬧翻，我們就是覺得我們會相處得很融洽。」

簡單來說，她們從未在友誼上施加任何壓力，「我們能在一起很好，不能在一起也沒關係。」海爾格說道，「我們的友誼和其他女性友誼不一樣，因為我們不太會一起分析我們的感情，或許這也是一件好事，即便我們住在一起時，我們彼此也有獨立的空間，所以也從沒發生過衝突或競爭，我從來沒有過姐妹，但我想，這就是我想像中有姐妹的樣子，你們很親近，但你們也可以分開獨處。」

這不表示她們沒有花心思經營友誼，海爾格告訴我，她如何在雪莉第一段婚姻告終時支持她，「我們並沒有很深入討論這件事，但我總會想『我可以怎樣減輕她的痛苦』或者『該怎麼做會比較好』，我花了很多時間陪她。」她說道，你就是會在二戰世代身上看到的這種態度，她們對待友誼也是「永不放棄」，但我想，這也點出了許多長久友誼所擁有的特質：讓你的朋友順其自然，沒錯，我就是在挪用披頭四的歌詞。

七十四歲的克莉絲汀．韋伯（Christine Webber）也向我分享，「我在一九六〇年代認識一個朋友，我們每週都會通電話，她住在英格蘭北部，我住在薩福克郡，但我們的友誼不需要解釋太多，你從來就不需要為自己解釋。」她說道，「我覺得這很重要，因為總有些時候你必須做……真實的自己，而不是你已經變成的樣子。」

這不表示你該將老朋友視為理所當然，而是你應該退一步讓朋友自己成長，或者在她們需要時給予她們空間，但同時在她身邊適時介入幫忙。她們心裡知道，不管她們經歷了什麼改變，她們都可以在你的陪伴下做自己，放下這些年來不斷增加的標籤和偽裝，向你當初認識的她們慢慢靠近。

我認為這有點像俄羅斯娃娃，最內層是你們友誼剛萌芽時那個小小的自己，可以在某人面前暫時做回自己，真的很令人安心，你可以隨便傳訊息問老朋友，「你以前在學校用的鉛筆盒是什麼顏色？」或者「你媽媽的聖誕蛋糕是整個都加杏仁膏，還是只有最上層？」那些隨著年紀增長而產生的不同面向，並不會改變過去留下的樣子，只是一層一層往上堆疊而已，所有的層次都在你的外殼之下，只有認識你最久的朋友能幫你卸下這些偽裝，讓你變回最真實的自己。

最困難的是，不要限制老朋友的樣子，如果你從很小就認識她們，在你眼裡，她們可能一直都會是那個宣布自己永不結婚的十二歲女孩，當她們改變了，或者行為模式不再符合你對她們的認知，你可能就會心生不滿。

「我有一些從四歲認識到現在的朋友，而我今年三十五歲」潘朵拉．塞克斯

（Pandora Sykes）說道，「我很重視友誼裡的忠誠，但我知道這種認知可能會有點危險，因為當你擁有一段很長久的友誼，你可能會有點感覺被扯後腿，特別是當你無法展現你想展現的樣貌，你二十五歲想要展現的樣貌，可能和十四歲時所想的不一樣。我覺得自己很幸運，因為我們朋友之間都有保留彼此成長的空間，我們對彼此的佔有欲不強，我從她們身上學到很多，多虧了她們，我才能成為現在的自己。」

我很喜歡這個說法，這也讓我想到我很喜歡的友誼金句：「你不是光憑一己之力就成為現在的自己。」這也是老朋友最有價值的部分，她們幫助你形塑你的樣貌，但不會要求你要永遠保持同一個樣子。「你覺得友誼改變了我們人生多少？」一名《衛報》讀者於二〇二一年這樣向艾琳娜・斐蘭德提問，她回覆道，「朋友不會改變我們，但朋友本身的改變會漸漸改變我們之間的關係，我們就是這樣不斷相互影響、彼此適應。」

當我們談論先天與後天這個議題，特別是講到童年時，通常指的是父母、我們成長的社會環境、階級和文化所帶來的影響。從後天養成的角度來看，你的家庭和生長環境會影響你的樣子，但是你在四歲、十四歲或二十四歲，甚至是到現在交的朋友，也會影響你展現出來的樣貌，她們參與了你父母不見得知道的人生里程碑，例如：初戀、初吻、第一次喝到吐，也許對於你後天養成的部分來說，她們的重要性不亞於父母，也許某些程度上甚至更勝於你父母。「我有一個認識很久的朋友，她第一次和別人過夜時，我們才十三歲。」三十六歲的凱特說道，「我當時馬上衝回家，把這件事寫在日記裡，好像這件大事同時發生在我們身上一樣，我感覺自己好像也做了這件事，甚至到現在我還是這麼覺得。」

朋友的界線可能會因為新戀情而變得模糊，但也許賈斯婷·塔巴克（Justine Tabak）的處理方式是對的，她和她認識五十七年的朋友把友誼和愛情關係分得很清楚。

「和我其他朋友不一樣的是，我們不會邀請伴侶一起共進晚餐，我們的友誼比較單一，所以我沒和她的伴侶吃過飯，我也不會帶我的伴侶和她吃飯，我們不會帶著伴侶一起參與社交活動，我們把友誼和其他事分得很開。」賈斯婷說道。

她解釋道，當她們還年輕時，交過一些會嫉妒她們友誼的男朋友，「特別是在我二、三十歲時，我有時必須非常小心，因為他們可能會覺得『為什麼她告訴閨密這些事，而不告訴我？』」賈斯婷說道，「這讓我知道，我在感情裡必須小心一點，我不能將她擺在第一位。因為她是一位很好的朋友，也因為她曾離婚過，我也分居過，所以我們都覺得，或許我們投注在彼此身上的心力，應該挪出一部份投注在我們的愛情關係。」

賈斯婷告訴我，她們是不自覺地將友誼和其他部分分開，她一直到我們談話以前，都沒有認真想過她們有這樣的模式，這顯示了我們和老朋友多容易落入相同的溝通模式，我們有時會不自覺地感受到這些模式的存在。畢竟，你對老朋友又沒有法律責任或家庭義務，但你卻願意投注幾十年的時間和精力，這需要很強的信任感，但你們之間的友誼在大眾眼裡又不及愛情關係來的重要。

某部分的自己會不會也認為老朋友其實是「負擔」呢？如同你不見得會在約會軟體簡介中寫上，你養了三隻貴賓狗和一隻寵物蛇（這肯定是第二次約會的話題），你也不會馬上向約會對象坦承，你有一個認識幾十年的朋友，她的地位可能和伴侶一樣重要，你遇到困難時第一時間會去找她，我們常常都是這樣。

「我發現老朋友們會在人生遇到困境，需要一位可以信任且無話不談的朋友時才會互相聯繫。」我媽媽珍説道，「如果我們拿起電話，還是可以和某人自在聊天並從中獲得支持，那麼這一定是能長久且意義重大的友誼。不管過了多少年，當我們需要安慰時就會想到的那些女性朋友，就是真朋友。」

幫老朋友找藉口是長久友誼的誤區，我們對新朋友和老朋友常常抱持不一樣的標準，你仔細想想看，你的新朋友通常和你擁有相同的價值觀，但面對從小就認識的好友，情況可能就不是這樣了，只因為你們來自相同的地方，你就假定你們的價值觀相近，也就不會像質問新朋友一樣質問她們，一旦她們的行為不如你所想，你就會為她們找藉口，你「知道為什麼她們會這樣」，她們遇到了什麼樣的困難，才導致她們變成今天這個樣子。

回憶可以蒙蔽道德感，除非你被迫接受他人的價值觀。一份克里斯多夫．席波納（Christopher Sibona）在科羅拉多大學所做的研究[35]顯示，我們在刪掉其他好友以前，最先刪掉的可能就是老同學，因為他們發表的極端的言論。我們會刪除新朋友的原因，通常都是他們在現實生活中惹惱我們。如同我朋友寶拉所說，「我的新朋友都和我擁有相似的價值觀，我們對很多重要的事都抱持相同看法，但這完全不是我檢視老朋友的標準。」

你還滿意現在生活中的平衡嗎？暫時放下這本書，停下來好好想一想，你對新朋友和老朋友的態度是否有所不同？是不是有一些老朋友說過或做過的事，如果換成新朋友的話，你是絕對無法忍受的呢？

不過，我可能不希望老朋友為我降低標準，因為這肯定是邁向互相怨懟的第一步，我希望老朋友能對我有話直說，不論實話有多難聽。阿嘉莎曾經直接臭罵我一頓，當時我正走出牛津圓環站，我記得我滿臉脹紅地站在一間百貨前面，她當時說的話我至今都還記得，「我們都已經不是小孩了，你不能隨便看到人就貼上去。」在這件事情上，我承認她說得有道理，雖然有點難接受，但我很感謝阿嘉莎的坦白，我很開心我有一位非常在乎我的老朋友，願意對我實話實說，我不希望她們縱容我，儘管有那麼一剎那，我很害怕她們會討厭我。我想說即便我已經長大了，但在寫這本書的過程中，我發現自己還是很怕引起她們的憤怒。

我們或多或少都曾默默地對友誼產生疑慮，舉例來說，你朋友傳來的訊息語氣有點怪怪的，或者你某個偏好傳訊息的朋友打電話來，但你卻漏接了，她們在對我生氣嗎？你這麼想的同時，也嘗試在你們過去的訊息中翻找線索，沒錯，你當然可以直接打電話問，但這表示你必須和朋友來一場真心對話，而我們都不擅長進行這類的對話。

面對老朋友，你的疑慮會不斷膨脹，因為你們可能不常見到彼此，而友誼的安全感需要透過定期見面或一起活動才能建立，任何沉默或不確定因素都會讓我們到處尋找線索，試圖推斷另一個人對我們的態度，我們很可能將一則沒有任何弦外之音的意思，解讀成我們的朋友不再喜歡我們的跡象。

記者茱莉亞．卡本特（Julia Carpenter）的推文說了我的焦慮，「真想開一個名叫〈你在生我的氣嗎？〉的播客節目，這樣每週我就可以算是合理地深度訪問我的每個朋友，確定她們是否真的在生我的氣。」

當我最近漏接了瑪莉的電話，我的感受完全就是如此。因為瑪莉住在國外，所以這種事還算常發生，我們也常常打電話給對方，但不知道為什麼，我就覺得我可能要惹她生氣了。在回電給她之前，我甚至先上網查了一輪機票，並看看我要怎樣才能盡快趕到她那邊，以確保我不會毀掉我們這段長久的友誼，只因為我可能在無意間惹她生氣了，我的護照在哪裡？

當然，這只是普通的友誼焦慮，她其實只是想打來問我的建議，我覺得不信任老朋友的自己很可笑，特別是我們比以往都還親近，甚至比六年級時還親近。我們當時都很熱衷於英國內戰，直到現在，每年一月三十日，我們還是會互相傳簡訊紀念查理一世被砍頭，這也算是某種屬於我們的友誼紀念日吧！

儘管我們相距幾千英哩，我們總是能找到方法陪伴彼此度過低潮、疾病、成功、不確定和喜悅等生命中重大的里程碑。當我坐在這裡寫下關於她的事，這才意識到，我們的友情已經來到第二十五個年頭了，四分之一個世紀，幾乎要達到珍珠婚的程度了，我怎麼到現在才想到這件事？我好想大叫。

這是我的任務，我也希望這也能夠成為你的任務，至少要記得這些友誼里程碑，有意識地想到我們的朋友，不管新舊都是，就像我們在愛情關係裡一樣，重視那些特別重要的時刻或者感情的長度。

我第一個改變的人是珍·加維，「你把這個概念植入我的腦中了。」她說道，「當我和我老同學六十歲時，我們一定會大肆慶祝，我們的確應該更重視這些里程碑。」

在不遠的將來，依茲和我即將迎來友誼的三十週年，如果這樣的友誼里程碑不值得慶祝，我不知道還有什麼事值得慶祝，至少不是因為這一切可能在我青春期就結束了。過去二十年，我一直因為青春期對待老朋友的態度，背負著很重的罪惡感，在我十二歲轉學之後，一切都變了，我交了新朋友，星期六也漸漸地不和依茲出去玩，因為我想和班上一群其實不太在乎我的女生出去。我開始和她們認識的男生約會，希望這樣可以讓我看起來酷一點（拜託，他有一頭金色秀髮，身上還穿著名牌運動服，我只是個平凡人而已。）

我基本上就是冷落了依茲，我可能沒有這麼後悔過，我一直將這件事視為我在友誼中犯過最大的錯誤，這麼多年後，我還是會想，我在這件事上傷了她多深，我從來沒談過這件事，我們一起喝酒、散步或共進晚餐時都沒有談過，連在聖誕卡片上也沒有，我們每年總是會在聖誕卡上，寫下我們超過二十年前在回家路上隨便編寫的歌詞。然而，我在為這本書做研究時，請她幫我填一份簡短的問卷，她告訴我，我們的友誼是她生命中最快樂的時光，這番話差點讓我因為罪惡感而承受不住。

所以我坐在書桌前，深吸一口氣，開始寫下我早該對她說的話：

「青少年時期，我將我們的友誼視為理所當然，現在想來十分後悔，我一直覺得應該向你道歉，但總是很難啓齒，我很抱歉，我不應該因為轉學而產生的不安全感影響了我們的友誼，我好幾年前就應該親自向你說這件事。」

我緊張地按下傳送鍵，當時是星期日下午四點五十三分，我剛打開了潘朵拉的盒子，我到底做了什麼？三個小時後，我的電腦響起了通知聲，我緊張到幾乎看不清楚螢幕上的字。我打開信，讀到信末那句令人疑惑的句子，皺起了眉頭從信的開頭看起：

「我有點意外，原來我們的觀點如此不同。我從來沒有發現轉學後的生活對你來說有多痛苦（現在想來，應該真的很痛苦），但我們都交新朋友了，我不知道你要為了什麼事道歉，但不管怎樣，謝謝！」

有時老朋友就是會用剛好的標準檢視你，也希望你不要對自己太嚴苛。面對老朋友，你需要說的話不用太多，只需要簡單幾句話就可以更新彼此近況，她們可以讓你做自己。

雖然這樣的情感連結不一定會很明顯，但一定會自然流露出來，為女性友誼提供一個非常安全的空間，在這裡你可以做自己、相互學習、感受被愛、感受安全感、感受被關心。如果你和我一樣，你就會發現，你其實一直待在一個安全的空間裡。如果這還不值得慶祝，那我不知道還有什麼事值得慶祝。

側寫

絕對不是寫給我讀書會成員的情書

我手機裡有一個聊天群組，裡面每一則訊息我都會讀，群組的名稱是BC，就是讀書會（Book Club）的縮寫。這個讀書會裡的成員我已經認識十年了。每個月我們都會在其中一個成員家裡見面，主持人會煮菜、準備酒水、為我們超大的流動圖書館添加新書，我們每個月會從這個麻布購物袋中挑選一本新書閱讀，但是我們並沒有指定閱讀書籍，我們每個月都會向成員分享我們當月得空時閱讀的書籍（或者，我們老實說，電視上看到的影視作品也可以），如此一來，真正的好書便會經過七個人的手，但大多數時間，我們都在談論世界大小事，我們成員裡有五個記者，你覺得我們還會聊什麼？

疫情期間，讀書會的「子群組」在通訊軟體上應運而生，群組裡只有四個人，因為我們四個都沒有孩子，在疫情緊張的時刻，每個人當下的狀況佔了很大的因素。我們七個讀書會成員因為都住在倫敦而聚在一起，我們都喜歡把起司當開胃菜吃（完全問心無愧），我們都過度著迷一名現任國會議員，以及他那傳言中有著驚人尺寸的傢伙。

我們四人獨立開設一個子群組，主要是因為我們比其他成員多出很多自由時間，我們發現自己在家時好像都在互相傳訊息，而其他有小孩的成員則是為了在家自學的事忙得焦頭爛額。封城的那幾個月裡，過去認為是自在的享受，現在都變成了生活的必須，經歷過大半輩子的不信任和失望，這大概是我第一次能夠完全放鬆地與一群女性朋友相處。

也許你也有相同的經驗，在這種非常時期，我們都被逼著檢視自己友誼的狀態：誰是我們可以不斷視訊的朋友，誰讓我們覺得和她聯絡不是出於義務，誰是我們需要感情連結時聯絡的朋友，誰是能讓我們在低潮中笑出聲的朋友。對我來說，在這個大家共同經歷的非常時刻（也許疫情是一個有點極端的例子），我突然覺得自己好像有點自信，可以敞開心胸說出我的感受，你知道朋友不會誤會或批評你，因為她們完全能夠感同身受，儘管我們也都有自己需要面對的困難。

我們的子群組裡會分享一些寵物的照片：兩隻貓、一隻狗，以及一隻瑞秋老公在廚房流理台下方用陷阱抓到的老鼠。我們非常仔細地分析了哈利和梅根在美國的生活，仔細到我們都覺得美國有線新聞網怎麼沒來找我們開一檔談話節目。我們幫彼此挑選運動鞋以及前門的油漆顏色，當一切看似無望時，我們藉由不斷無情地互相調侃來度過，一起等待生活變得不再那麼可怕。

工作遇到困難或心情無故低落時，我們都在彼此身邊；生活遇到重大變故時，我們也在彼此身邊。我最小的姑姑在十一月被診斷出罹患肺癌，當時正好是第二次封城前夕，兩個月後她離開了人世。在這四個朋友面前，我可以很勇敢地告訴她們我的感受，我可以告訴她們清空小姑姑的公寓的過程裡，我的感受有多糟，整間公寓從地板到天花板都塞滿了她這一生擁有的東西，這讓我很想衝回家丟掉我所有的東西。

第一次封城時，我們每週都會視訊，我完全可以說，那些視訊電話是支持我撐下去的動力。許多人都因為疫情的關係和我漸行漸遠，我突然無法擁抱心愛的人，甚至不知道多久才能再見到她們，此時，與讀書會子群組的談話對我而言就像救命索一樣。

讀書會子群組就像我的解毒劑一樣，當她們問我過得如何，我知道我不需要回答「我很好，謝謝。」和她們在一起時，我可以自在地大肆抱怨，雖然我很清楚我沒資格抱怨，我有房、有花園、有老公、有工作、身體健康，還有一點錢可以買「遠端工作」穿的勃肯鞋。

我們沒人錯過任何一通視訊電話，因為我們都知道不管我們當天過得有多糟，當天晚上都會好起來、開心起來。和一群朋友聊天可以帶來能量，激起有趣的對話，讓你全心投入在彼此來回的對話中，但這也表示你必須願意向她們敞開心胸。對某些人來說，每週播出的益智問答節目也有相同的效果，讓你有機會大笑，好像自己也被安慰、被關心了一樣，這顯示了數位溝通在維持友誼的面向上帶來的幫助，說到底，你付出了多少時間和心力才是最重要的，不管你是用什麼方式維持友誼。

對我們讀書會子群組來說，我們維持友誼的方式就是，每晚準時收看《閃婚澳洲版》（Married At First Sight Australia），在上千則訊息中討論每個細節，好像我們就是為此而活一樣。我們會送食物到彼此的門口，透過圖片訊息診斷彼此奇怪的皮膚疾病，我們會辯論一些重要的議題，例如：當你的男性婦科醫生幫你檢查下面時，你好像有點被他吸引，這樣是可以的嗎？（可是他看起來很和善、很關心我的樣子。）

我們也會見面並保持社交距離地一起散步，拎著裝在生鏽皇家婚禮紀念鐵盒的生日蛋糕慶祝彼此的生日，圍著公園的長椅邊發抖邊吃蛋糕。我當時參加了一場全女性的線上會議，其中一個講者對我說：「親愛的，想要在線上會議上看起來更漂亮，秘訣就是環狀補光燈，網紅用的那種，你需要買一個……。」說到這裡，你就知道讀書會子群組成員們送我什麼生日禮物了。

防疫措施稍微鬆綁後，我們某個週末一起去了多塞特，當時雨下個沒完，整趟旅程中，狗狗都在車上不斷放屁，我這才發現原來口罩還有其他功用。我們做了一些當地必做的事：採英國本土蘋果、漫步於田園之中、摘黑刺李、自己生火等，如果我不是其中一員，我可能會討厭我們這團人。

我們不是一個小圈圈，讀書會還有其他成員，當她們不在時，我們還是非常想念並愛著她們。我們生命中一定都有其他重要的女性友誼，但我們知道我們四個的友誼一定會持續下去，至少我希望能夠持續下去。我沒那麼不切實際，我知道我們每天傳兩百六十五則訊息給彼此的日子不會持續一輩子，就像其他群組一樣，我們的互動也會時而熱絡、時而冷淡，但至少對我來說，我們之間的情誼和回憶不會憑空消失。在害怕了一輩子的女性友誼後，這些女性朋友對我的意義已經超越了一起消磨時間，或者只是出於某種責任感。

這表示我終於可以在女性朋友面前做自己，這是我收過最好的禮物和驚喜，而不是那個環狀補光燈。

後記

女性友誼的核心是你，不是其他人。

讀了將近三百頁別人的故事後，這句話可能聽起來很奇怪，不過你想想看，若想在生活裡擁有善良、溫暖、慷慨、風趣、願意給予鼓勵、貼心、心胸開闊、樂於付出的朋友，你自己必須先成為這樣的人，很多時候，你對待朋友的態度會直接反映在朋友對待你的態度上。

也許這聽起來很自然，但我們多常花時間好好説這些事呢？我們多常花時間停下來思考這些女性情感中最親密、最令人感到愉悅、滿足的關係，然而，我們卻常常忽略這些關係去追求愛情，追求別人口中女性成就的顛峰——「幸福美滿到永遠」。

女性友誼並不是童話故事，它非常困難，事實上，大多數美好的事情都很難達成，這也是為什麼我們不該再讓各種迷思扯後腿了，我們不能讓不切實際的好萊塢電影和刻板印象限縮了我們的可能性，我們現在正處於女性友誼的黃金年代，讓我們一起大聲稱頌女性友誼，因為坦誠以待不僅很自由，對你的友誼也是一件好事。

世界上沒有任何方法能保證女性友誼一定會成功，沒有通關密碼或魔杖能幫忙，我希望你和我一樣都已經理解到這一點。我們在前面的書頁裡已經讀過許多女性的故事，我們知道女性友誼就是要找到相同的價值觀、興趣、幽默感以及感動，這一切都需要時間、心力、彼此之間的火花、能量、脆弱展現以及信任，這表示你必須相信自己。如果你可以幫助自己成為最好的朋友（你也不可能一直保持完美），如果你可以盡可能地展現自己，以同情心、同理心和耐心對待自己，那麼其他人很有可能也會這樣對待你。

當然，友誼也會遇到困難：需要走過的友誼裂縫，需要恢復的心碎時刻，需要面對的不健康友誼模式，但生命中還是會有新朋友、老朋友、家人變成的朋友，以及友誼帶來的喜悅、里程碑、笑聲、互相尊重與支持。因為當你成功結交了女性朋友，你們的友誼將會是你生命中最重要、最珍貴的關係之一，這是我們生活中愛的來源。

我希望我分享的故事，不管是我自己的故事還是其他女性的故事，都能幫助你從新的角度檢視自己的女性友誼，也能幫助你瞭解可以怎麼付出更多，以及誰能給你更多，說不定你還能像某位閱讀過本書初稿的讀者，意識到自己生活中那些有毒的友誼。

我在拼湊自己交友歷史的過程中，意識到這些年來聽了無數不切實際的友誼故事，因為這些不切實際的敍述，我錯過了多少可能的友誼。如果我沒有選擇相信永遠的好朋友的迷思，而是瞭解多方結交好友的益處，我可能就不會花上好幾年尋找女性靈魂伴侶，我的老同學也不會和我分手。如果我沒有選擇相信友誼裂縫無法彌補，我可能就不會讓一段重要的友誼離我而去。如果我不曾覺得自己已經來不及交新朋友，我可能就能更早找回自信，走出去結交新朋友。

如果你可以將自我價值和錯誤的友誼形象或迷思分開，盡情享受朋友能帶給你的好處會怎樣呢？你會學會相信自己，你不需要擁有完美的閨密團、雙胞胎般的閨密、自選家人、姐妹或朋友群，友誼的意義早就超越這些了。不管你人生中是否出現過親密的朋友，和受孕仙子共度的特別「時刻」，或者像我一樣擁有比較廣的社交圈。

我現在看著和我一起搭乘早班火車通勤的女性，那些通勤媽媽團的成員，我可以很確定，如果我的手機壞掉，身邊一定也有朋友會借我她們的備用機，她們也會對我的工作提出直接但很有幫助的建議，我可以恣意地和她們説垃圾話、放聲大笑。

我的女性友誼還不到最完美的狀態，很多段友誼都還在進行中，但我現在知道我在追求什麼，以及如何花五十、九十或兩百個小時達成目標，我們都做得到。

以下是一些關於女性友誼的真相：

感受恐懼但還是盡力去做：向女性朋友敞開心胸並不會嚇走她們，如果你相信她們，壞消息和好消息都可以和她們說，她們不會因為你度過了美好的一天，就覺得你在炫耀，這才是你需要的朋友。面對會傾聽你說話的朋友，不要害怕掏出你傷痕累累的心。

花時間相處：當生活充滿壓力，朋友就很容易被忽視，她們的順位會被放到最後面，甚至還在寵物後面，別讓朋友最先被犧牲。

叫「完美」滾開：寫到這裡，我希望你已經懂得，看似完美的事物也許一點都不完美，這也包含歌手戴夫．格羅爾（Dave Grohl）（我開玩笑的，他很完美。）永遠的好朋友的迷思、社群媒體上的閨密團、友誼遇到阻礙就表示存有嚴重的問題，這些概念都是為了讓你感覺女性友誼就該很美好、很夢幻，但事實並不是這樣，如同任何情感親密的關係，你必須先付出才能收穫。

為自己發聲：不告訴朋友自己真實的感受，如同你一滴一滴地喝著毒藥卻期待自己會沒事，友誼通常都是這樣結束的。如果你愛她、尊重她，那就擁抱自己，和她聊聊那些難以啟齒的話題吧。

打電話給朋友：有時候一則關心的訊息就夠了，有時則不然。

別太在意友誼裂縫：友誼裂縫可能會出現在任何時刻，你現在很有可能也正在面對，不要轉身離開，如果朋友需要，請給她多一點時間和空間，如果需要的是你，也記得請對方給你時間和空間，好好聊聊你們之間的裂縫該如何彌補，友誼裂縫也許只是暫時的，不一定會無法彌補。

一起大笑：真希望你們在未來都能很自然地討論「姐妹鬥嘴」，好像這件事再自然不過了（希望到時候會有個更好的名字），這對你會有好處，這會讓你的友誼更緊密，你也知道，「麵包丁先生」是世界上最好笑的笑話。

不要人間蒸發：這麼做很殘忍而且很沒骨氣，你也不是反社會人格，抱歉。

放下過去：友誼造成的心碎和任何心碎一樣痛苦，我希望你不曾且永遠不會經歷到，允許自己抒發情緒，面對並放下。

珍惜你的老朋友：你不是光憑一己之力就成為現在的自己。

但是也要敞開心胸交新朋友：交新朋友永遠不嫌晚，如同那些九十歲的女性受訪者所說的。

標記友誼里程碑：你可以用任何方式標記友誼里程碑，這和「閨密節」無關，這是屬於你們之間的事，和商業化慶祝活動帶來的壓力無關，一張卡片、一通電話、一杯茶、一包零食，任何最適合的慶祝方式都可以。

做自己：你的朋友不想看到諷刺漫畫般的「好女孩」，那種一直在扮演完美朋友的女孩，她們知道你的缺點是什麼卻依然愛你，請給朋友她們最想看到的：你自己。

最後一件重要的事就是付諸行動，走出去結交更多朋友，盡可能讓你的交友圈依照你想要的方式，變得快樂和富足。因為女性友誼沒有公式，適不適合你最重要。

註解

1. https://www.ukonward.com/wp-content/ uploads/2021/09/Age-of-Alienation-Onward.pdf
2. https://www.childrenssociety.org.uk/sites/default/files/2020-09/good-childhood-report-2020-summary.pdf
3. BBF，Best Friend Forever。
4. https://www.childrenssociety.org.uk/sites/default/files/2020-09/good-childhood-report-2020-summary.pdf
5. https://pubmed.ncbi.nlm.nih.gov/21991328/
6. https://www.pnas.org/content/113/3/578.abstract
7. https://pubmed.ncbi.nlm.nih.gov/16758315/
8. https://pubmed.ncbi.nlm.nih.gov/15564353/
9. https://pubmed.ncbi.nlm.nih.gov/9200634/

10. https://psycnet.apa.org/record/2011-19550-001
11. https://www.jneurosci.org/content/37/25/6125
12. https://www.nature.com/articles/srep25267
13. https://scholar.harvard.edu/marianabockarova/files/tend-and-befriend.pdf
14. https://www.researchgate.net/publication/345319031_Sex_Differences_in_Intimacy_Levels_in_Best_Friendships_and_Romantic_Partnerships
15. https://www.researchgate.net/publication/323783184_How_many_hours_does_it_take_to_make_a_friend
16. https://tandfonline.com/doi/abs/10.1080/01463379809370099
17. https://www.milkround.com/advice/why-workplace- friendships-are-worth-the-effort
18. https://www.glassdoor.com/blog/glassdoor-survey-reveals- ten-love-office/
19. https://www.totaljobs.com/media-centre/loneliness- causing-uk-workers-to-quit-their-jobs

20. https://www.researchgate.net/publication/323783184_How_many_hours_does_it_take_to_make_a_friend
21. 小熊維尼中的老灰毛驢
22. https://www.ncbi.nlm.nih.gov/pmc/articles/PMC4852646/
23. https://www.researchgate.net/publication/323783184_How_many_hours_does_it_take_to_make_a_friend
24. https://807e0053-e54f-4d86-836f-f42a938cfc4c.filesusr.com/ugd/ca3202_51e49dd36f0f4328935720c4ebb29f02.pdf
25. http://papers.ssm.com/sol3/papers.cfm?abstract_id=1490708
26. 抬頭、挺胸、雙手叉腰
27. https://www.wsj.com/articles/looking-for-a-friend-without-benefits-try-match-bumble-and-tinder-11625675336
28. https:/statista.com/statistics/1040236/uk-stress-levels-of-generations/

29. https://academic.oup.com/cardiovascres/advance-article/doi/10.1093/cvr/cvab210/6307454
30. https://www.digitalthirdcoast.com/blog/news-consumption-during-covid-19
31. https://news.ucdenver.edu/study-shows-facebook-unfriending-can-have-offline-consequences/
32. https://www.pnas.org/content/pnas/early/2016/04/05/1524993113.full.pdf?sid=6b4259a2-1494-4ed8-8a76-f76d05f47940
33. https://www.sciencedaily.com/releases/2015/03/150316160747.htm
34. https://static1.squarespace.com/static/58dd82141b10e3ddf316781f/t/591802cbf5e2317b6a318c2f/1494745818158/ICAH-Given-Chosen-Fams-Research-Report-YLC-2013.pdf
35. https://www.researchgate.net/publication/261961408_Unfriending_on_Facebook_Context_Collapse_and_Unfriending_Behaviors

延伸閱讀、觀賞、聆聽

延伸閱讀

《朋友原來是天生的：鄧巴數字與友誼成功的七大支柱》（Friends: Understanding the Power of Our Most Important Relationships），羅賓・鄧巴（Robin Dunbar）著（Little Brown 出版，2021）

《愛的緣起：親密關係背後的科學》（Why We Love: The Science Behind Our Closest Relationships），安娜・麥菁（Anna Machin）著（Weidenfeld & Nicolson 出版，2022）

《我做錯了什麼？》（What Did I Do Wrong? When Women Don't Tell Each Other the Friendship Is Over），莉茲・普萊爾（Liz Pryor）著（Simon & Schuster 出版，2006)

《你是我唯一可以傾訴的對象：女性友誼的語言》（You're the Only One I Can Tell: Inside the Language of Women's Friendships），黛柏拉・泰南（Deborah

Tannen）著（Virago 出版，2017）

《職場友誼》（The Business of Friendship），夏絲塔·尼爾森（Shasta Nelson）著（Harper Collins 出版，2020）

《形影不離》（The Inseparables），西蒙·波娃（Simone de Beauvoir）著，（Penguin Vintage Classics，2021）

《傲慢與偏見》（Pride and Prejudice），珍·奧斯汀（Jane Austen）著，（1813）

那不勒斯故事四部曲（The Neapolitan novels），艾琳娜·斐蘭德（Elena Ferrante）：《你是我聰明出色的好友》（My Brilliant Friend，2012）、《新身份新命運》（The Story of a New Name〔Europa Editions〕，2013）、《逃離與留下》（Those Who Leave and Those Who Stay〔Europa Editions〕，2014）、《消失的孩子》（The Story of the Lost Child〔Europa Editions〕，2015）

《書本之間》（Between the Covers）吉莉·庫柏（Jilly Cooper）著，（Bantam Press 出版，2020）

《神啊，你在嗎？》（Are You There God? It's Me, Margaret.），茱蒂·布倫（Judy Blume）著，（1970）

《焦慮的那些年》（The Panic Years），奈爾・費里澤（Nell Frizzell）著，（Bantam Press 出版，2021）

《芭蕾舞鞋》（Ballet Shoes），諾雅・斯崔特費德（Noel Streatfield）著，（1936）

《姐妹情》（The Sisterhood），黛西・布坎南（Daisy Buchanan）著，（Headline 出版，2019）

《三十件我愛自己的事》（Thirty Things I Love About Myself），拉德希卡・桑加尼（Radhika Sanghani）著，（Headline 出版，2022）

延伸觀賞

《閨密假期》（Girls Trip）（2017，馬爾科姆・李〔Malcolm D. Lee〕執導）

《鋼木蘭》（Steel Magnolias）（1989，赫伯特・羅斯〔Herbert Ross〕執導）

《A+瞎妹》（Booksmart）（2019，奧莉薇亞・魏爾德〔Olivia Wilde〕執導）

《都柏林動物》（Animals）（2019，蘇菲・海德〔Sophie Hyde〕執導，改編自艾瑪・珍・安斯沃思〔Emma Jane Unsworth〕2014 年作品）

《淑女鳥》（Lady Bird）（2017，葛莉塔・潔薇〔Greta Gerwig〕執導）

《等待夢醒時分》（Waiting to Exhale）（1995，佛瑞斯・惠特克〔Forest Whitaker〕執導）

《紐約哈哈哈》（Frances Ha）（2012，諾亞・波拜克〔Noah Baumbach〕執導）

《BJ單身日記》（Bridget Jones's Diary）（2001，莎朗・麥奎爾〔Sharon Maguire〕執導）

《莫忘當年情》（Beaches）（1989，愛莉森・安德絲〔Allison Anders〕執導）

《大城小妞》（Broad City）（2014-19，五季，艾拉娜・格雷澤〔Ilana Glazer〕及艾比・雅各森〔Abbi Jacobson〕編劇、主演）

《女孩我最大》（Girls）（2012-17，六季，莉娜・丹恩〔Lena Dunham〕主創、主演）

《倫敦生活》（Fleabag）（2016-19，菲比・沃勒—布里奇〔Phoebe Waller-Bridge〕編劇）

《我的媽啊》（Motherland）（2016至今，莎朗・霍根〔Sharon Horgan〕、荷莉・沃許〔Holly Walsh〕、格拉罕・萊恩漢〔Graham Linehan〕、海倫・塞拉菲諾威茲〔Helen Serafinowicz〕及芭倫卡・歐蕭奈希〔Barunka O'Shaughnessy〕編劇）

《慾望城市》（Sex and the City）（1998-2004，達倫．史塔〔Darren Star〕主創）
《慾望城市：華麗下半場》（And Just Like That）（2021，麥可．派翠克．金〔Michael Patrick King〕及達倫．史塔主創）

延伸聆聽

《幸運的是》（Fortunately . . . with Fi and Jane）
《我就要》（Wannabe），辣妹合唱團（Spice Girls，1996）
《女孩》（Girl），天命真女（Destiny's Child，2004）
《你有個朋友》（You've Got a Friend），卡洛爾．金（Carole King，1971）
《高高低低》（The High Low with Pandora Skyes and Dolly Alderton，2017–20）

致謝

因為撰寫這本關於友誼的書，我學會認清誰才是我真正的朋友，我由衷感謝她們。

首先，我想對我朋友說，我總以為當我結束寫作閉關，我可能一個朋友都不剩。非常感謝你們——老朋友、新朋友、讀書會子群組等各個朋友群組，儘管我拒絕了你們的邀約、非常晚回訊息、忘記準時寄出生日卡片，但是你們依然對我不離不棄，我非常感謝你們還願意和我說話。

感謝我的經紀人詹姆斯·吉爾（James Gill）給予我無盡的支持，不斷詢問我寫作的主題，堅持讓我提筆寫下書的提案，我和其他記者一樣，很需要截稿期限，你也給了我一個期限。

感謝 Penguin 出版社及協助出版本書的所有人，你們投注了許多熱情讓這本書能被出版，特別是厲害的編輯海蓮娜·貢達（Helena Gonda），她善解人意，精湛的編輯能力和直言不諱的建議，半哄半騙地讓我完成這本書。還有凱特·福克斯

（Kate Fox）讓一切都在掌控之中，貝琪．凱莉（Beci Kelly）讓這本書看起來這麼漂亮，蘇菲．布魯斯（Sophie Bruce）高超的行銷技能，以及公關天才艾莉森．貝羅（Alison Barrow），任何有機會和她共事的作家都很幸運。

如果不是因為一群女性（少數幾位男性）願意敞開心胸，與我分享他們的友誼故事，花時間與我面談、喝咖啡、電話受訪、視訊連線和喝酒談心，我也無法完成這本書。雖然我無法將你們的名字一一列出來，但是我都知道你們是誰，這樣說起來好像怪怪的，但我由衷感謝你們，我只希望我有如實傳達你們的故事，也很抱歉我無法收錄所有故事。

對於那些沒有露出名字的朋友，你們對這本書的幫助遠高於你們的想像，那些前任朋友也是，如果沒有你們，我可能永遠不會意識到女性友誼的迷思可以為生活帶來多大的影響。

然而，我最感謝的還是我的父母，珍和霍華德，他們一直都很相信我，給予我無盡的支持和愛，也一直很關心我。

我親愛的妹妹，羅珊娜和費莉絲蒂，對你們而言，這本書讀起來應該很像我的日記吧。

最後，我的老公提姆，我心中永遠的愛，他閱讀了我每一版書稿上的每一個字，為我泡了無數杯茶，買了一台閃亮亮、玫瑰金的電腦，讓我每天心甘情願地坐在電腦前寫書，你是我生命中最接近（男）閨密的人，沒有你，我做不到這一切。

國家圖書館出版品預行編目（CIP） 資料

我們是永遠的好朋友？：關於女性友誼的真相 /
克萊兒 . 柯恩 (Claire Cohen) 著 ; 鄭婉伶譯 . -- 初版 . --
臺北市 : 英屬蓋曼群島商網路與書股份有限公司臺灣分公司出版 : 大塊文化出版股份有限公司發行 , 2023.06, 320 面 ; 21×14.8 公分 . -- (For2 ; 63)
譯自 : BFF? : the truth about female friendship
ISBN 978-626-7063-37-8(平裝)

1.CST: 友誼 2.CST: 女性

195.6 112006026